2in1 zum Nachschlagen

Mathematik Algebra

Schroedel

2in1
zum Nachschlagen

Mathematik
Algebra

Gotthard Jost
Bernd Wurl

Druck ^{2} / Jahr 2012

Kontakt: lernhilfen@schroedel.de
Herstellung: Sandra Grünberg
Umschlaggestaltung und Layout: Janssen Kahlert Design und Kommunikation GmbH, Hannover
Illustrationen: Thies Schwarz, Hannover
Redaktion und Satz: imprint, Zusmarshausen
Druck und Bindung: pva, Druck- und Medien-Dienstleistungen GmbH, Landau

ISBN 978-3-507-**22379**-0

Inhaltsverzeichnis

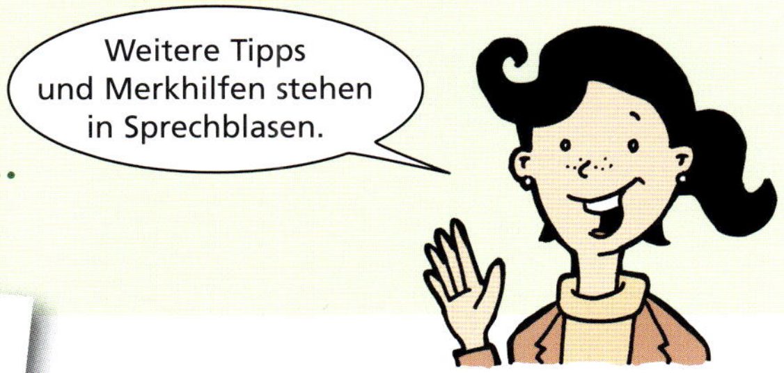

Weitere Tipps und Merkhilfen stehen in Sprechblasen.

So funktioniert 2in1 zum Nachschlagen

Einige wichtige Merksätze stehen auf besonderen Zetteln.

Die Überschrift sagt dir, worum es geht

- ▶ Die Regeln, die du lernen solltest, stehen auf gelbem Hintergrund – manchmal mit Beispielen als Erklärung.
- ▶ Merksätze, die hinter dem grünen Dreieck stehen, sind wichtig. Du solltest sie so oft lesen, bis du sie wirklich verstanden hast. Beispiele helfen dir dabei.

Typische Beispielaufgaben mit Lösung findest du rechts auf den weißen Feldern. Dabei ist alles, was zur Aufgabenstellung gehört, grün gedruckt, alles, was zur Lösung gehört, in einer anderen Farbe, in der Regel schwarz. Die kleine grüne Schrift hilft dir mit Tipps und der Erklärung von Rechenschritten.

1 Grundrechenarten und Zahlsysteme

Lateinische Bezeichnungen

Addition

Addiere 320 und 437

$320 + 437 = 757$

Summand – **Summand** – **Summe**

Subtraktion

Subtrahiere von 451 die Zahl 97

$451 - 97 = 354$

Minuend – **Subtrahend** – **Differenz**

Multiplikation

Multipliziere 312 und 20

$312 \cdot 20 = 6240$

Faktor – **Faktor** – **Produkt**

Division

Dividiere 10 950 durch 30

$10\,950 : 30 = 365$

Dividend – **Divisor** – **Quotient**

1. Addiere 12 und 5. Multipliziere die Summe mit 3. Wie groß ist das Produkt?
(1) $12 + 5 = 17$ (2) $17 \cdot 3 = 51$ Das Produkt ist 51.

2. Berechne den Quotient von 144 und 9. Wie groß ist die Differenz aus 76 und diesem Quotienten?
(1) $144 : 9 = 16$ (2) $76 - 16 = 60$ Die Differenz beträgt 60.

3. Der Minuend ist 101, der Subtrahend 88, berechne die Differenz. Multipliziere diese Differenz mit einer Zahl, sodass das Produkt 91 ist. Wie heißt diese Zahl?
(1) $101 - 88 = 13$ (2) $13 \cdot \mathbf{7} = 91$ Die gesuchte Zahl ist 7.
weil $13 \cdot 7 = 91$

4. Multipliziere 12 mit der Differenz der Zahlen 19 und 14. Achte auf die Reihenfolge.
$12 \cdot (19 - 14) = 12 \cdot 5 = 60$

Zehnersystem (Dezimalsystem)

▶ Jede Ziffer hat einen der folgenden Stellenwerte:

… 10 000 000 $\xleftarrow{\cdot 10}$ 1 000 000 $\xleftarrow{\cdot 10}$ 1 00 000 $\xleftarrow{\cdot 10}$ 10 000 $\xleftarrow{\cdot 10}$ 1000 $\xleftarrow{\cdot 10}$ 100 $\xleftarrow{\cdot 10}$ 10 $\xleftarrow{\cdot 10}$ 1

…	H Mrd	Z Mrd	Mrd	H Mio	Z Mio	Mio	HT	ZT	T	H	Z	E
						3	4	0	7	8	1	6

▶ **Große Zahlen:** 1 Mrd = 1 Milliarde
= 1 000 000 000
1 Bio = 1 Billion
= 1 000 000 000 000

▶ **Runden:** Ab 5 wird aufgerundet, sonst abgerundet.

3 Mio	=	3 000 000
4 HT	=	400 000
7 T	=	7 000
8 H	=	800
1 Z	=	10
6 E	=	6
Summe		3 407 816

5. Schreibe die Zahlen aus der Stellentafel als Summe und in Kurzschreibweise.

ZT	T	H	Z	E
1	6	0	5	3
	7	9	1	4
3	0	8	0	6

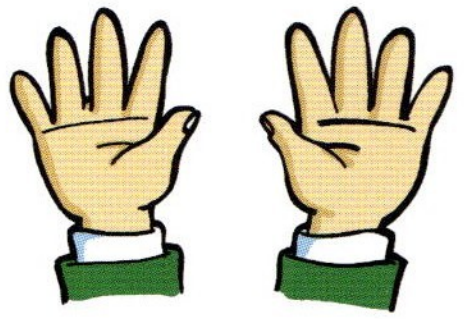

$1 \cdot ZT + 6 \cdot T + 5 \cdot Z + 3 \cdot E = 16\,053$
$7 \cdot T + 9 \cdot H + 1 \cdot Z + 4 \cdot E = 7914$
$3 \cdot ZT + 8 \cdot H + 6 \cdot E = 30\,806$

6. Notiere die Summe in Kurzschreibweise.
$4 \cdot HT + 9 \cdot ZT + 6 \cdot H + 1 \cdot Z + 7 \cdot E = 490\,617$
$8 \cdot Mio + 4 \cdot ZT + 7 \cdot T + 3 \cdot H + 4 \cdot E = 8\,047\,304$

7. Runde auf die angegebene Einheit.
4 378 219 auf T: 4 378 000 (weil bei 2 abgerundet wird)
13 509 617 auf ZT: 13 510 000 (weil bei 9 aufgerundet wird)

Zweiersystem (Dualsystem)

▶ Es gibt nur die Ziffern 0 und 1, die folgende Stellenwerte haben können:

…	1024	512	256	128	64	32	16	8	4	2	E = 1
			1	0	0	1	1	1	0	1	1

$100111011_2 = 256 + 32 + 16 + 8 + 2 + 1 = 315$

8. Schreibe im Zehnersystem.
a) $1011000100_2 = 512 + 128 + 64 + 4 = 708$
b) $101010012 = 128 + 32 + 8 + 1 = 169$

9. Schreibe im Dualsystem (Zweiersystem).
a) $967 = 512 + 256 + 128 + 64 + 4 + 2 + 1 = 1111000111_2$
b) $2011 = 1024 + 512 + 256 + 128 + 64 + 16 + 8 + 2 + 1 = 11111011011_2$

Computer sind in der Lage in kürzester Zeit große Mengen von Informationen zu verarbeiten. Dabei werden alle Informationen (auch Texte, Farben etc.) in Form von Zahlen(-codes) dargestellt. Diese Zahlendarstellung erfolgt im Dualsystem, da jede Zahl nur mit den Zahlen 1 und 0 dargestellt werden kann. In einem elektrischen Schaltkreis bedeutet 1 „Strom“ und 0 „kein Strom“.

2 Teiler, Vielfache, Primzahlen

Teiler und Teilermengen, Vielfache und Vielfachenmengen

- Für natürliche Zahlen a und b gilt:
  a ist Teiler von b (im Zeichen a | b), wenn es eine natürliche Zahl n (n ≠ 0) mit der Eigenschaft **a · n = b** gibt. b heißt dann auch **Vielfaches von a**.
  5 | 40 heißt „5 ist ein Teiler von 40" bzw. „40 ist ein Vielfaches von 5".
- 1 ist Teiler jeder natürlichen Zahl außer 0, jede Zahl ist Teiler von sich selbst.
- Alle Teiler einer Zahl bilden ihre **Teilermenge**. $T_{18} = \{1, 2, 3, 6, 9, 18\}$
- Alle Vielfachen einer Zahl bilden ihre **Vielfachenmenge**. $V_8 = \{8, 16, 24, 32, 40, 48, 56, \ldots\}$
- Teilermengen sind **endliche** Mengen, Vielfachenmengen sind **nicht endliche** Mengen.

1. Prüfe, ob die angegebene Teilerbeziehung stimmt.
   a) 17 | 408 richtig, denn $17 \cdot 24 = 408$
   b) 26 | 8119 falsch, denn $26 \cdot 312 < 8119$; $26 \cdot 313 > 8119$
2. Schreibe die Teilermengen von 240, 97 und 36 auf.
   $T_{240} = \{1, 2, 3, 4, 5, 6, 8, 10, 12, 15, 16, 20, 24, 30, 40, 48, 60, 88, 120, 240\}$
   $T_{97} = \{1, 97\}$
   $T_{36} = \{1, 2, 3, 4, 6, 9, 12, 18, 36\}$
3. Schreibe die Vielfachenmengen von 5 und 16 auf.
   $V_5 = \{5, 10, 15, 20, 25, 30, 35, \ldots\}$
   $V_{16} = \{16, 32, 48, 64, 80, 96, 112, \ldots\}$

Größter gemeinsamer Teiler (ggT), kleinstes gemeinsames Vielfaches (kgV)

- Unter **ggT (a, b)** versteht man den **größten gemeinsamen Teiler** der Zahlen **a** und **b**.
- Unter **kgV (a, b)** versteht man das **kleinste gemeinsame Vielfache** der Zahlen **a** und **b**.

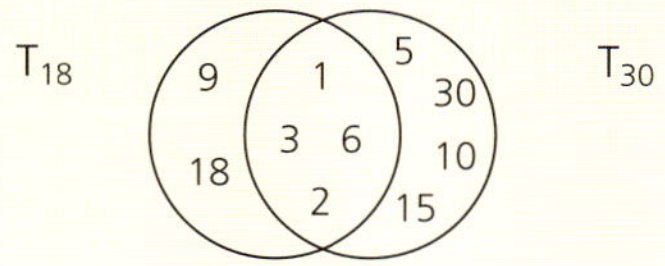

$V_6 = \{6, 12, 18, \mathbf{24}, 30, 36, \ldots\}$
$V_8 = \{8, 16, \mathbf{24}, 32, 40, 48, \ldots\}$
ggT (18, 30) = 6
kgV (6, 8) = 24

4. Markiere alle gemeinsamen Teiler von 180 und 150 und bestimme den ggT (180, 150).
   $T_{180} = \{\mathbf{1}, \mathbf{2}, \mathbf{3}, 4, \mathbf{5}, \mathbf{6}, 9, \mathbf{10}, 12, \mathbf{15}, 18, 20, \mathbf{30}, 36, 45, 60, 90, 180\}$
   $T_{150} = \{\mathbf{1}, \mathbf{2}, \mathbf{3}, \mathbf{5}, \mathbf{6}, \mathbf{10}, \mathbf{15}, 25, \mathbf{30}, 50, 75, 150\}$
   ggT (180, 150) = 30
5. Bestimme das kgV (12, 20).
   $V_{12} = \{12, 24, 36, 48, \mathbf{60}, 72, 84, \ldots\}$
   $V_{20} = \{20, 40, \mathbf{60}, 80, 100, 120, \ldots\}$

Teilbarkeitsregeln

- **Endstellenregeln**
  Eine Zahl ist durch 2 (5) teilbar, wenn ihre Endziffer durch 2 (5) teilbar ist – sonst nicht.
  Eine Zahl ist durch 4 (10, 20, 25) teilbar, wenn die Zahl aus den letzten beiden Ziffern durch 4 (10, 20, 25) teilbar ist – sonst nicht.
  Eine Zahl ist durch 8 (100, 200, 125) teilbar, wenn die Zahl aus den letzten drei Ziffern durch 8 (100, 200, 125) teilbar ist – sonst nicht.
- **Quersummenregeln**
  Eine Zahl ist durch 3 (9) teilbar, wenn ihre Quersumme durch 3 (9) teilbar ist – sonst nicht.
- **Kombiregeln**
  Eine Zahl ist durch 6 (15) teilbar, wenn sie durch 2 und 3 (3 und 5) teilbar ist – sonst nicht.

6. Prüfe, ob die folgenden Angaben stimmen.
   a) 4 | 917 346 falsch, denn 4 ist kein Teiler von 46.
   b) 125 | 371 375 richtig, denn 125 ist Teiler von 375 ($3 \cdot 125 = 375$).
   c) 8 | 731 304 richtig, denn 8 ist Teiler von 304 ($8 \cdot 38 = 304$).
   d) 3 | 422 211 richtig, denn $4+2+2+2+1+1 = 12$ und 3 ist Teiler von 12.
   e) 9 | 571 332 falsch, denn $5+7+1+3+3+2 = 21$ und 9 ist nicht Teiler von 21.
   f) 6 | 407 112 richtig, denn 2 und 3 sind Teiler der Zahl 407 112.

Primzahlen, Primfaktorzerlegung

- Eine Zahl mit **genau zwei Teilern** ist eine **Primzahl**. Die Menge der Primzahlen ist nicht endlich.
  P = {2, 3, 5, 7, 11, 13, 17, 19, 23, 29, 31, 37, 41, 43, 47, 53, 59, …}.
- Als **Primzahlzwilling** bezeichnet man zwei benachbarte ungerade Zahlen, die beide Primzahlen sind, z. B. 29, 31 oder 41, 43.
- Jede Zahl, die nicht Primzahl ist, kann in Faktoren zerlegt werden, die alle Primzahlen sind. Man nennt dies die **Primfaktorzerlegung** der Zahl, in der die Faktoren der Größe nach geordnet werden. $36 = 2 \cdot 2 \cdot 3 \cdot 3 \; (= 2^2 \cdot 3^2)$ $150 = 2 \cdot 3 \cdot 5 \cdot 5 \; (= 2 \cdot 3 \cdot 5^2)$

7. Warum ist 1 keine Primzahl? 1 hat nur einen Teiler.
8. Warum ist 91 keine Primzahl? Es gilt $7 \cdot 13 = 91$, also $T_{91} = \{1, 7, 13, 91\}$
9. Notiere die Primfaktorzerlegungen von 18 und 24. $18 = 2 \cdot 3 \cdot 3$; $24 = 2 \cdot 2 \cdot 2 \cdot 3$
10. Bestimme mit den Primfaktorzerlegungen von 18 und 24 den ggT (18, 24) und das kgV (18, 24).
    ggT (18, 24) = $2 \cdot 3 = 6$ (alle gemeinsamen Primfaktoren)
    kgV (18, 24) = $2 \cdot 2 \cdot 2 \cdot 3 \cdot 3 = 72$ (alle Primfaktoren, die in wenigstens einer Zahl auftreten)

3 Brüche und Dezimalbrüche 1

Stammbrüche, Brüche als Bruchteile, Brüche größer als 1

- $\frac{1}{2}, \frac{1}{3}, \frac{1}{4}, \frac{1}{5}, \ldots$ heißen **Stammbrüche**.

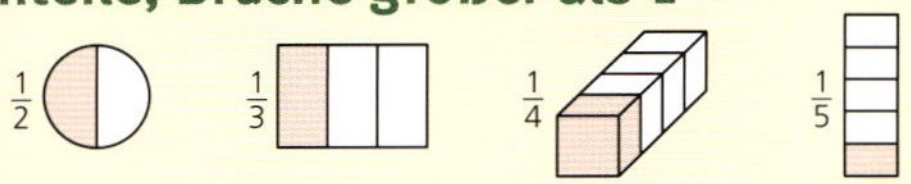

- $\frac{3}{4}$ ist ein **Bruch**, 3 heißt **Zähler**, 4 **Nenner**.

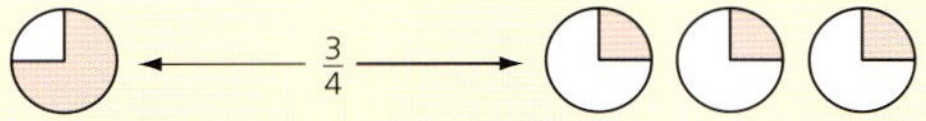

- $2\frac{3}{7}$ ist eine **gemischte Zahl**, es gilt $2\frac{3}{7} = \frac{17}{7}$.

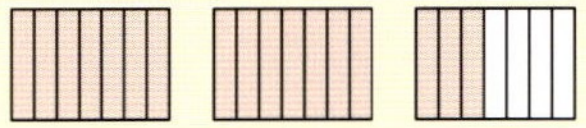

Stellenwerttafel und Dezimalbrüche

- Die Stellenwerttafel wird um Zehntel (z), Hundertstel (h), Tausendstel (t) usw. ergänzt.

ZT	T	H	Z	E	z	h	t	zt		
		4	2	8	3	8			↔	428,38
				0	7	6	1	4	↔	0,7614
	4	7	0	0	0	6	8		↔	4700,068

Addition und Subtraktion bei gleichem Nenner

- Brüche mit gleichem Nenner werden addiert oder subtrahiert, indem man die Zähler addiert oder subtrahiert. Der Nenner bleibt unverändert: $\frac{\mathbf{a}}{\mathbf{c}} \pm \frac{\mathbf{b}}{\mathbf{c}} = \frac{\mathbf{a \pm b}}{\mathbf{c}}$

$\frac{4}{13} + \frac{5}{13} = \frac{9}{13}$; $\frac{10}{12} - \frac{3}{12} = \frac{7}{12}$

- Dezimalbrüche werden stellenweise (Einer unter Einer usw.) wie natürliche Zahlen addiert und subtrahiert.

```
     1 6, 2 5          4 6 8, 1 9
 +   ₁ 7, 1₁ 9      −  ₁ 8 1₁, 3 4
 -------------      --------------
     2 3, 4 4          3 8 6, 8 5
```

Multiplikation mit natürlichen Zahlen und Division durch natürliche Zahlen

- Brüche werden mit einer natürlichen Zahl multipliziert, indem man den Zähler mit ihr multipliziert. Der Nenner bleibt unverändert: $\frac{\mathbf{a}}{\mathbf{b}} \cdot \mathbf{c} = \frac{\mathbf{a \cdot c}}{\mathbf{b}}$

$\frac{3}{4} \cdot 5 = \frac{15}{4} = 3\frac{3}{4}$

- Brüche werden durch eine natürliche Zahl dividiert, indem man entweder den Zähler durch sie dividiert oder den Nenner mit ihr multipliziert: $\frac{\mathbf{a}}{\mathbf{b}} : \mathbf{c} = \frac{\mathbf{a : c}}{\mathbf{b}}$ oder $\frac{\mathbf{a}}{\mathbf{b}} : \mathbf{c} = \frac{\mathbf{a}}{\mathbf{b \cdot c}}$

$\frac{6}{11} : 2 = \frac{3}{11}$; $\frac{5}{7} : 3 = \frac{5}{21}$

- Dezimalbrüche werden stellenweise wie natürliche Zahlen multipliziert oder dividiert.

```
1 4, 6 8 · 7        1 6 2, 9 6 : 7 = 2 3, 2 8
------------        1 4
  1 0 2, 7 6        ---
                      2 2
                      2 1
                      ---
                        1 9
                        1 4
                        ---
                          5 6
                          5 6
                          ---
                            0
```

Übergang von Zehntel zu Einer

Übergang von Einer zu Zehntel

1. Berechne
   a) $\frac{1}{4}$ von 80 € = 20 € (80 : 4)
   b) $\frac{1}{7}$ von 35 m = 5 m (35 : 7)
   c) $\frac{1}{6}$ von 336 kg = 56 kg (336 : 6)
2. Berechne $\frac{4}{9}$ von 360 Schülern. $(360 \xrightarrow{:9} 40 \xrightarrow{\cdot 4} 160)$ $\frac{4}{9}$ von 360 Schülern = 160 Schüler.
3. a) Verwandle $4\frac{2}{5}$ und $9\frac{3}{8}$ in Brüche. $4\frac{2}{5} = \frac{22}{5}$ $(4 \cdot 5 + 2 = 22)$; $9\frac{3}{8} = \frac{75}{8}$ $(9 \cdot 8 + 3 = 75)$
   b) Verwandle $\frac{17}{6}$ und $\frac{38}{11}$ in gemischte Zahlen.
   $\frac{17}{6} = 2\frac{5}{6}$ $(17 : 6 = 2 + 5 : 6)$; $\frac{38}{11} = 3\frac{5}{11}$ $(38 : 11 = 3 + 5 : 11)$

4. Schreibe $\frac{478}{100}$ als Dezimalbruch. $\frac{400}{100} + \frac{70}{100} + \frac{8}{100} = 4 + \frac{7}{10} + \frac{8}{100} = 4{,}78$
5. Schreibe 0,319 als Bruch. $0{,}319 = \frac{3}{10} + \frac{1}{100} + \frac{9}{1000} = \frac{319}{1000}$
6. Schreibe den Dezimalbruch aus der Stellenwerttafel als Bruch.

T	H	Z	E	z	h	t
		1	3	7	1	8

$13 + \frac{7}{10} + \frac{1}{100} + \frac{8}{1000} = \frac{13\,000}{1000} + \frac{700}{1000} + \frac{10}{1000} + \frac{8}{1000} = \frac{13\,718}{1000}$

7. $4\frac{3}{7} + 5\frac{6}{7} = 4 + 5 + \frac{3}{7} + \frac{6}{7} = 9 + \frac{9}{7} = 10\frac{2}{7}$
8. $3\frac{1}{8} - \frac{6}{8} = 2\frac{9}{8} - \frac{6}{8} = 2\frac{3}{8}$ $\left(\text{weil } 3\frac{1}{8} = 2 + \frac{8}{8} + \frac{1}{8} = 2\frac{9}{8}\right)$
9. a) 341,68 + 17,44
   b) 6134,4 − 528,9

```
a)    3 4 1, 6 8          b)    6 1 3 4, 4
  +     1 7₁, 4₁ 4          −  ₁ 5 2₁ 8₁, 9
  ----------------          ---------------
      3 5 9, 1 2                5 6 0 5, 5
```

10. Berechne
    a) $\frac{2}{5} \cdot 9 = \frac{18}{5} = 3\frac{3}{5}$
    b) $3\frac{1}{7} \cdot 4 = \frac{22}{7} \cdot 4 = \frac{88}{7} = 12\frac{4}{7}$
11. Berechne
    a) $\frac{5}{8} : 3 = \frac{5}{24}$ (weil $8 \cdot 3 = 24$)
    b) $4\frac{1}{5} : 7 = \frac{21}{5} : 7 = \mathbf{\frac{3}{5}}$ (weil $21 : 7 = 3$)
12. Berechne

```
a)  8, 2 4 · 1 7         b)  7 5, 5 3 : 1 3 = 5, 8 1
    ------------             6 5
        8 2 4                ---
      5₁ 7₁ 6 8              1 0 5
    ------------             1 0 4
    1 4 0, 0 8               -----
                                 1 3
                                 1 3
                                 ---
                                   0
```

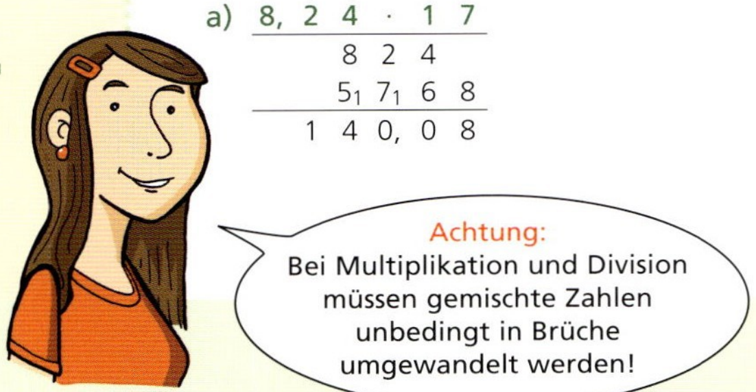

Achtung:
Bei Multiplikation und Division müssen gemischte Zahlen unbedingt in Brüche umgewandelt werden!

4 Brüche und Dezimalbrüche 2

Periodische Dezimalbrüche

- Bei der Division können Dezimalbrüche entstehen, die nicht „enden".
- Es entsteht dann eine Ziffernfolge, die sich ständig wiederholt. Sie heißt **Periode**, und der Dezimalbruch heißt **periodisch**.
  $\frac{17}{11} = 17:11 = 1{,}545454\ldots = 1{,}\overline{54}$ lies: „Eins Komma Periode fünf vier"

1. Berechne 41 : 45.
   $41:45 = 0{,}911\,111\ldots = 0{,}9\overline{1}$ „Null Komma 9 Periode 1"
2. Wandle $\frac{3}{7}$ in einen Dezimalbruch um.
   $3:7 = 0{,}\overline{428571}428\ldots$ „Null Komma Periode 428 571"

Erweitern und Kürzen

- Man **erweitert** einen Bruch, indem man Zähler und Nenner mit derselben Zahl multipliziert. $\frac{2}{5} \xrightarrow{\text{erweitert mit 3}} \frac{6}{15}$
- Man **kürzt** einen Bruch, indem man Zähler und Nenner durch dieselbe Zahl dividiert. $\frac{12}{18} \xrightarrow{\text{gekürzt durch 6}} \frac{2}{3}$
- Allgemein: $\frac{a}{b} \underset{\text{gekürzt durch c}}{\overset{\text{erweitert mit c}}{\rightleftarrows}} \frac{a \cdot c}{a \cdot c}$
- Beim Erweitern und Kürzen eines Bruches ändert sich der Wert nicht.

3. Erweitere:
   a) $\frac{2}{7}$ mit 3 $\frac{2 \cdot 3}{7 \cdot 3} = \frac{6}{21}$
   b) $5\frac{3}{11}$ mit 4 $5\frac{3 \cdot 4}{11 \cdot 4} = 5\frac{12}{44}$
   c) 12,7 mit 100 $12\frac{7 \cdot 100}{10 \cdot 100} = 12\frac{700}{1000} = 12{,}700$
4. Kürze:
   a) $\frac{12}{20}$ durch 4 $\frac{12:4}{20:4} = \frac{3}{5}$
   b) $3\frac{5}{10}$ durch 5 $3\frac{5:5}{10:5} = 3\frac{1}{2}$
   c) 4,180 durch 10 $4\frac{180:10}{1000:10} = 4\frac{18}{100} = 4{,}18$

Addition und Subtraktion beliebiger Brüche und Dezimalbrüche

- Addition und Subtraktion erfolgen so:
  (1) Für die beteiligten Brüche wird der **Hauptnenner** gesucht. Der Hauptnenner ist das kgV beider Nenner (es ginge allerdings auch ein größeres gemeinsames Vielfaches).
  (2) Beide Brüche werden auf den Hauptnenner erweitert.
  (3) Es wird wie bei gleichnamigen Brüchen addiert bzw. subtrahiert.
  (4) Der Ergebnisbruch wird gekürzt, wenn dies möglich ist.

5. $4\frac{7}{12} + 2\frac{11}{15}$
   (1) kgV(12, 15) = 60 (Hauptnenner)
   (2) $4\frac{35}{60} + 2\frac{44}{60}$
   (3) $4\frac{35}{60} + 2\frac{44}{60} = 6\frac{79}{60} = 7\frac{19}{60}$
   (4) Das Ergebnis kann nicht gekürzt werden.
6. 14,3 – 8,19
   (1) kgV(10, 100) = 100 (Hauptnenner)
   (2) 14,30 – 8,19
   (3)
```
   1 4, 3  0
 – 1 8, 1₁ 9
 -----------
     6, 1  1
```
   (4) entfällt bei Dezimalbrüchen

Multiplikation und Division von Brüchen und Dezimalbrüchen

- Man multipliziert zwei Brüche, indem man Zähler mit Zähler und Nenner mit Nenner multipliziert.
  $\frac{a}{b} \cdot \frac{c}{d} = \frac{a \cdot c}{b \cdot d}$
- Man multipliziert zwei Dezimalbrüche zunächst wie natürliche Zahlen. Das Ergebnis hat so viele Stellen nach dem Komma wie die beiden Faktoren zusammen.
- Man dividiert durch einen Bruch, indem man mit dem Kehrbruch multipliziert.
  $\frac{a}{b} : \frac{c}{d} = \frac{a}{b} \cdot \frac{d}{c} = \frac{a \cdot d}{b \cdot c}$
- Man dividiert durch einen Dezimalbruch, indem man den Quotienten so mit 10, 100, 1000, … erweitert, dass aus dem Dezimalbruch eine natürliche Zahl wird.

7. a) $\frac{3}{4} \cdot \frac{2}{7} = \frac{3 \cdot \cancel{2}^{1}}{{}_{2}\cancel{4} \cdot 7} = \frac{3}{14}$
   b) $4\frac{1}{2} : 3\frac{3}{7} = \frac{9}{2} : \frac{24}{7} = \frac{9}{2} \cdot \frac{7}{24} = \frac{\cancel{9}^{3} \cdot 7}{2 \cdot \cancel{24}_{8}} = \frac{21}{16} = 1\frac{5}{16}$
8. a) 24,6 · 3,29
```
2 4, 6 · 3, 2  9
----------------
    7 3 8
      4 2  9
    1 2₁ 2 1 4
----------------
    8 0, 9 3 4
```
   b) 34,29 : 13,5
```
3 4 2, 9 : 1 3 5 = 2, 5 4
2₁ 7 0
------
   7 2 9
   6₁ 7 5
   ------
     5 4 0
     5 4 0
     -----
         0
```
   erweitert mit 10
9. $\frac{3\frac{1}{2} - \frac{3}{4}}{\frac{7}{8}} = \left(3\frac{1}{2} - \frac{3}{4}\right) : \frac{7}{8} = \frac{11}{4} : \frac{7}{8} = \frac{11}{4} \cdot \frac{8}{7} = 3\frac{1}{7}$

Rechenaufgaben mit Brüchen und Dezimalbrüchen

- Treten gewöhnliche Brüche und Dezimalbrüche gleichzeitig in einer Aufgabe auf, so müssen
  – alle Zahlen als gewöhnliche Brüche notiert werden (das ist immer möglich) oder
  – alle Zahlen als Dezimalbrüche geschrieben werden.

10. $\frac{7}{8} + 0{,}31 = \frac{7}{8} + \frac{31}{100} = \frac{175}{200} + \frac{62}{200} = \frac{237}{200} = 1\frac{37}{200}$
11. $1{,}5 : \frac{3}{10} = \frac{15}{10} : \frac{3}{10} = \frac{15}{10} \cdot \frac{10}{3} = \frac{15 \cdot 10}{10 \cdot 3} = 5$ oder $1{,}5 : 0{,}3 = 15 : 3 = 5$

5 Rationale Zahlen 1, Koordinatensystem

Zahlengerade, die Menge $\mathbb{Q}$ und Teilmengen von $\mathbb{Q}$

- $\mathbb{Q}$ ist die Menge aller **rationalen** Zahlen. Sie wird gebildet aus allen positiven und negativen Zahlen und Brüchen sowie der Null.

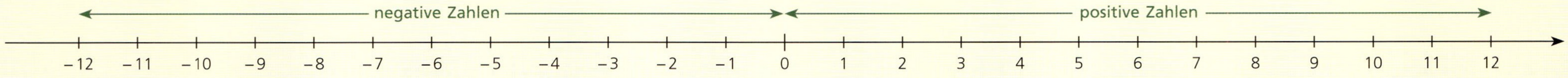

$\mathbb{Q}^+$ ($\mathbb{Q}^-$) = Menge aller positiven (negativen) rationalen Zahlen

$\mathbb{Q}_0^+$ ($\mathbb{Q}^-_0$)= Menge aller positiven (negativen) rationalen Zahlen einschließlich Null

$\mathbb{Q}^*$ = Menge aller rationalen Zahlen außer Null

$\mathbb{Z}$ = Menge aller ganzen Zahlen einschließlich Null $= \{\ldots -3, -2, -1, 0, 1, 2, \ldots\}$

$\mathbb{Z}^+$ ($\mathbb{Z}^-$) = Menge aller positiven (negativen) ganzen Zahlen

$\mathbb{Z}^*$ = Menge aller ganzen Zahlen außer Null

Betrag einer Zahl, Zahl und Gegenzahl

- Der Abstand einer rationalen Zahl r vom Nullpunkt heißt **Betrag** dieser Zahl.
- Man bezeichnet den Betrag einer Zahl r mit **|r|**.
  Beispiel: $|-4{,}6| = 4{,}6$ (Lies: „Betrag von minus 4,6 ist 4,6")
- Zwei Zahlen heißen **Gegenzahlen** zueinander, wenn sie denselben Betrag, aber verschiedene Vorzeichen haben. 0 ist die Gegenzahl zu sich selbst.
  Beispiel: 4,6 ist Gegenzahl zu −4,6. $-\frac{2}{3}$ ist Gegenzahl zu $\frac{2}{3}$.

1. Welche positive Zahl hat einen um 5 größeren Betrag als die Zahl −4,8?
$|-4{,}8| = 4{,}8$; $4{,}8 + 5 = 9{,}8$ Die gesuchte Zahl ist 9,8.

2. Von den folgenden acht rationalen Zahlen sind jeweils zwei Gegenzahlen zueinander.
Ordne die Gegenzahlen zu: 0,25; −10,1; −1,5; $\frac{24}{4}$; $\frac{3}{2}$; $-\frac{1}{4}$; −6 und $\frac{101}{10}$.

0,25 ist Gegenzahl zu $-\frac{1}{4}$. −10,1 ist Gegenzahl zu $\frac{101}{10}$.

−1,5 ist Gegenzahl zu $\frac{3}{2}$. $\frac{24}{4}$ ist Gegenzahl zu −6.

Ordnung der rationalen Zahlen

- Von zwei rationalen Zahlen ist diejenige größer, deren Platz auf der Zahlengeraden weiter rechts liegt. Das bedeutet:
  - Jede positive Zahl ist größer als jede negative Zahl.
  - Null ist kleiner als jede positive Zahl und größer als jede negative Zahl.
  - Von zwei positiven Zahlen ist diejenige größer, die den größeren Betrag hat.
  - Von zwei negativen Zahlen ist diejenige größer, die den kleineren Betrag hat.

3. Ordne die nachfolgenden rationalen Zahlen der Größe nach.
Beginne mit der Kleinsten.
1,7; -0,08; -2,4; 0; 0,884; -2,33
$-2{,}4 < -2{,}33 < -0{,}08 < 0 < 0{,}884 < 1{,}7$

Koordinatensystem

- Eine waagerechte und eine lotrechte Zahlengerade mit dem gemeinsamen Punkt Null bilden ein **Koordinatensystem**.
- Die waagerechte Zahlengerade wird als **x-Achse**, die lotrechte als **y-Achse** bezeichnet.
- Jeder Punkt der Ebene wird durch ein Zahlenpaar beschrieben, z. B. P(2|−1), allgemein P(x|y).
- Das Koordinatensystem teilt die Ebene in die vier **Quadranten I, II, III, IV.**

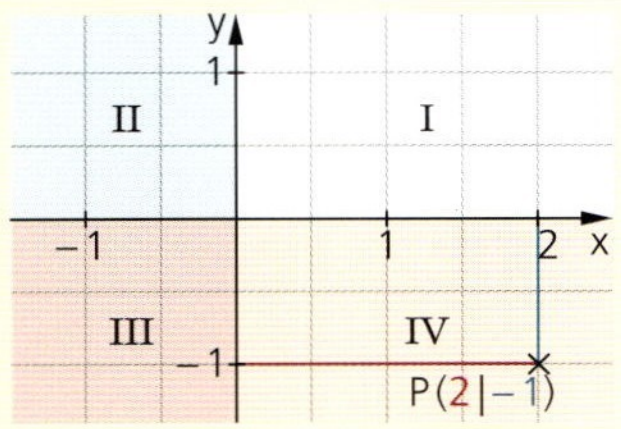

4. Trage die Punkte A(4|3), B(−2|3), C(−4|−1) und D(2|−1) in das Koordinatensystem ein.
Verbinde die Punkte zu einem Viereck.
Wie heißt die Vierecksform?
Es entsteht ein Parallelogramm.

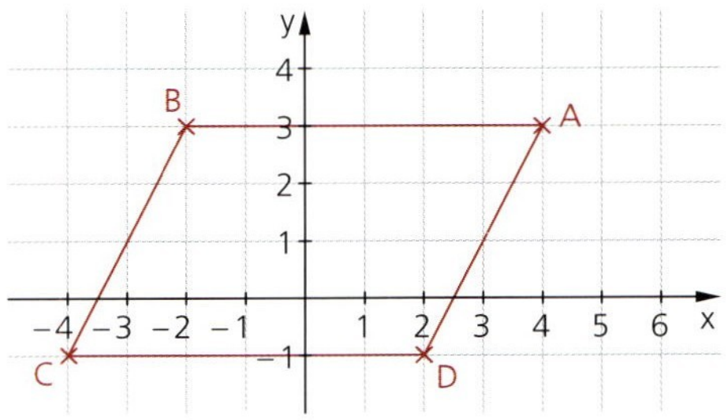

6 Rationale Zahlen 2

Kurzschreibweise

- Für alle rationalen Zahlen mit dem Betrag a wird vereinbart:
  - Statt (+a) schreibt man kurz a.
  - Statt (−a) schreibt man kurz −a, wenn kein Rechenzeichen unmittelbar davorsteht.
  - Statt +(−a) und −(+a) schreibt man kurz −a.
  - Das Multiplikationszeichen vor Klammern oder Variablen kann weggelassen werden.

Addition und Subtraktion

- **Addition** von zwei Zahlen mit
  (1) **gleichem Vorzeichen**
  - Die Beträge werden addiert.
  - Das Ergebnis erhält das gemeinsame Vorzeichen.

  (2) **unterschiedlichen Vorzeichen**
  - Der kleinere Betrag wird vom größeren subtrahiert.
  - Das Ergebnis hat das Vorzeichen der Zahl mit dem größeren Betrag.
- Eine rationale Zahl wird **subtrahiert**, indem man ihre **Gegenzahl addiert**.

Multiplikation und Division

- **Multiplikation** und **Division** von zwei Zahlen mit
  (1) **gleichem Vorzeichen**
  - Die Beträge werden multipliziert bzw. dividiert.
  - Das Ergebnis ist positiv.

  (2) **verschiedenen Vorzeichen**
  - Die Beträge werden multipliziert bzw. dividiert.
  - Das Ergebnis ist negativ.

Rechengesetze und Klammerregeln in $\mathbb{Q}$

- Kommutativgesetz: $a + b = b + a$ $\quad a \cdot b = b \cdot a$
- Assoziativgesetz: $a + (b + c) = (a + b) + c$ $\quad a \cdot (b \cdot c) = (a \cdot b) \cdot c$
- Distributivgesetz: $a \cdot (b + c) = a \cdot b + a \cdot c$
- Klammerregel: $a - (b + c) = a - b - c$
- Monotonieeigenschaften: Aus $a < b$ folgt $a + c < b + c$ für alle $c \in \mathbb{Q}$.
  Aus $a < b$ folgt $a \cdot c < b \cdot c$ für alle $c \in \mathbb{Q}^+$.
  Aus $a < b$ folgt $a \cdot c > b \cdot c$ für alle $c \in \mathbb{Q}^-$.

Durch geschicktes
Rechnen kannst du dir
viel Arbeit ersparen!

1. Schreibe nach den Vereinbarungen kürzer.

a) $(-7) \cdot ((-18) + (-2)) = -7 \cdot (-18 - 2)$

b) $((+9) - (+6)) : ((-5) + (+2)) = (9 - 6) : (-5 + 2)$

2. Schreibe ausführlich.

a) $-11 \cdot (6 - 8) = (-11) \cdot ((+6) + (-8))$

b) $(-14 - 6) : (-9 + 4) = ((-14) + (-6)) : ((-9) + (+4))$

3. Berechne alle acht Aufgaben.

+	−14	11
−7	−21	4
9	−5	20

$-7 + (-14) = -21$ $\quad -7 + 11 = 4$ $\quad 9 + (-14) = -5$ $\quad 9 + 11 = 20$

−	17	−8
−16	−33	−8
12	−5	−20

$-16 - 17 = -33$ $\quad -16 - (-8) = -16 + 8 = -8$ $\quad 12 - 17 = -5$ $\quad 12 - (-8) = 12 + 8 = 20$

4. Berechne alle acht Aufgaben.

·	−0,5	0,1
−6	+3	−0,6
20	−10	2

$-6 \cdot (-0{,}5) = 3$ $\quad -6 \cdot 0{,}1 = -0{,}6$ $\quad 20 \cdot (-0{,}5) = -10$ $\quad 20 \cdot 0{,}1 = 2$

:	4	−0,5
18	4,5	−36
−24	−6	48

$18 : 4 = 4{,}5$ $\quad 18 : (-0{,}5) = -36$ $\quad -24 : 4 = -6$ $\quad -24 : (-0{,}5) = 48$

5. Rechne aus:

a) $-1{,}7 - 14{,}8 + 11{,}7$
$= ((-1{,}7) + (-14{,}8)) + (+11{,}7)$ (ausführliche Schreibweise)
$= ((-1{,}7) + (+11{,}7)) + (-14{,}8)$ (Assoziativ- und Kommutativgesetz)
$= 10 - 14{,}8$ (Kurzschreibweise)
$= -4{,}8$

b) $\frac{3}{4} \cdot (-5) \cdot (-4)$
$= \frac{3}{4} \cdot (-4) \cdot (-5)$
$= (-3) \cdot (-5)$
$= 15$

6. Setze das Zeichen < oder >, ohne zu rechnen: $-3{,}87 \cdot (-11{,}26)$ □ $-4{,}01 \cdot (-11{,}26)$

Wegen $-3{,}87 > -4{,}01$ und $-11{,}26 \in \mathbb{Q}^-$ gilt: $-3{,}87 \cdot (-11{,}26) < -4{,}01 \cdot (-11{,}26)$

7 Ganzrationale Terme 1

Begriffserklärung

- Jede Zahl und jede Variable ist ein ganzrationaler Term.
- Summen, Differenzen und Produkte von ganzrationalen Termen sind ganzrationale Terme.
- Quotienten von ganzrationalen Termen sind wieder ganzrationale Terme, wenn der Divisor eine Zahl außer Null ist.
- Terme liefern beim Einsetzen von Zahlen in die Variablen Zahlen als Rechenergebnisse.

Potenzen

- a^n heißt **Potenz**, a ist die **Basis** und n der **Exponent** der Potenz.
- a kann jede Zahl oder ein Term sein, n muss eine natürliche Zahl sein. (Erweiterung → Seite 26/27)
- Es gilt $a^0 = 1$ (außer 0^0), $a^1 = a$ und $a^n = \underbrace{a \cdot \ldots \cdot a}_{n \text{ Faktoren}}$ für $n \geq 2$.
- Potenzrechnung wird vor Punkt- und Strichrechnung ausgeführt.

Vertauschen und Zusammenfassen in Termen

- Zwei Terme mit denselben Variablen heißen **einsetzungsgleich (äquivalent)**, wenn sie beim Einsetzen jeweils derselben Zahl für die Variablen immer dasselbe Rechenergebnis liefern.
  - In Termen darf man Summanden vertauschen **(Kommutativgesetz)**.
  - In Termen darf man **gleichartige** Summanden zusammenfassen **(Distributivgesetz)**.
- Durch Vertauschen und Zusammenfassen werden Terme **vereinfacht**, das heißt durch weniger umfangreiche einsetzungsgleiche Terme ersetzt.

Addition und Subtraktion von Summen

- Man **addiert** eine Summe, indem man die Summanden einzeln addiert.
  kurz: Man lässt die Klammer weg.
  $15a + (3x - 7y) = 15a + 3x - 7y$
- Man **subtrahiert** eine Summe, indem man die Gegenterme der Summanden einzeln addiert.
  kurz: Man lässt Minuszeichen und Klammern weg und ändert alle Vorzeichen der Summanden in der Klammer.
  $15a - (3x - 7y) = 15a - 3x + 7y$

Beispiele:

Das sind ganzrationale Terme:

$2xy$ $\frac{1}{4} \cdot a \cdot a$ $x(x+4)$

$25axx$ $9x + 7y$ $\frac{3a - 4b}{11}$

Das sind **keine** ganzrationalen Terme:

$\frac{5-a}{y}$ $3x = 27$ $5xx > 3x$

$\frac{a+b}{a-b}$ $\frac{1}{3a}(5+x)$ $7p - \frac{3}{q+4}$

1. Schreibe ausführlich:
   a) $(3y - 7)^3 = (3y - 7) \cdot (3y - 7) \cdot (3y - 7)$
   b) $(-5)^6 = (-5) \cdot (-5) \cdot (-5) \cdot (-5) \cdot (-5) \cdot (-5)$
   c) $-5^6 = -5 \cdot 5 \cdot 5 \cdot 5 \cdot 5 \cdot 5$

2. Schreibe mit Potenzen:
   a) $2x \cdot 2x \cdot 2x \cdot 2x \cdot 2x \cdot 2x \cdot 2x = (2x)^7$
   b) $\frac{1}{3} y \cdot y \cdot y \cdot y \cdot y \cdot y \cdot y \cdot y \cdot y \cdot y = \frac{1}{3} y^{10}$
   c) $(a-4) \cdot (a-4) \cdot (a-4) \cdot (a-4) \cdot (a-4) = (a-4)^5$

3. Vereinfache den Term durch Vertauschen und Zusammenfassen.
   $4xy - 27 + 8y - 9x + 16 - 8xy + 14x - 3y + 2xy - 7$ ⎞ Vertauschen
   $= -9x + 14x + 4xy - 8xy + 2xy + 8y - 3y - 27 + 16 - 7$ ⎠ Zusammenfassen
   $= 5x - 2xy + 5y - 18$

4. Fasse gleichartige Summanden zusammen.
   a) $5x + 3x^2$ Zusammenfassung nicht erlaubt   b) $7xy^2 - 4xy^2 = 3xy^2$
   c) $-9x^4 a - ax^4 = -10ax^4$ d) $-5b^2 + 9b^3$ Zusammenfassung nicht erlaubt

5. Vereinfache den Term schrittweise.
   $7a - (3b + 5c) - 7c + 4b + (4b - 5a - 3c)$
   $= 7a - 3b - 5c - 7c + 4b + 4b - 5a - 3c$
   $= 7a - 5a - 3b + 4b + 4b - 5c - 7c - 3c$
   $= 2a + 5b - 15c$

6. Löse schrittweise die Klammern auf und vereinfache.
   $5x^2 - (7x - (3 - 6x^2 - 4x))$
   $= 5x^2 - (7x - 3 + 6x^2 + 4x)$ Von **innen** nach **außen** auflösen!
   $= 5x^2 - 7x + 3 - 6x^2 - 4$
   $= -x^2 - 11x + 3$

Erst Klammern auflösen, dann ordnen und schließlich zusammenfassen.

8 Ganzrationale Terme 2

Klammern auflösen und ausklammern

- Nach dem Distributivgesetz gilt für Terme a, b und c: $\mathbf{a \cdot (b + c) = ab + ac}$
- Anwendung „von links nach rechts“: Man **löst eine Klammer auf**, indem man den Faktor vor der Klammer mit jedem Summanden in der Klammer multipliziert.

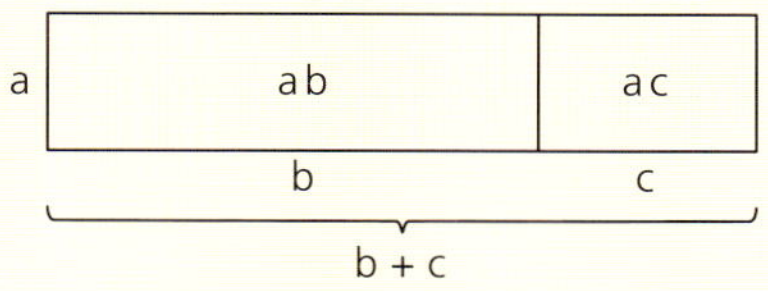

- Anwendung „von rechts nach links“: Man **klammert aus**, indem man einen gemeinsamen Faktor in mehreren Summanden vor eine Klammer schreibt und in der Klammer die „Restsummanden“ notiert.

Klammer auflösen:

$3x \cdot (5 - 2x) = 3x \cdot 5 - 3x \cdot 2x = 15x - 6x^2$

ausklammern:

$-4a^2 + 6a^3 = 2a^2 \cdot (-2) + 2a^2 \cdot 3a = 2a^2 \cdot (-2 + 3a)$

1. Löse die Klammern auf.

a) $5 \cdot (2x - 7) = 10x - 35$

b) $3y \cdot (7y - y^3) = 21y^2 - 3y^4$

c) $-2a \cdot (-3a + 5b) = 6a^2 - 10ab$

d) $4a \cdot (3a - 2b + 5) = 12a^2 - 8ab + 20a$

2. Finde einen gemeinsamen Faktor und klammere ihn aus.

a) $6x + 15 = \mathbf{3} \cdot 2x + \mathbf{3} \cdot 5 = 3 \cdot (2x + 5)$

b) $8x^2 + 24x^3 = 8x^2 \cdot 1 + \mathbf{8x^2} \cdot 3x = 8x^2 \cdot (1 + 3x)$

c) $16cd - 12c^2d = \mathbf{4cd} \cdot 4 + \mathbf{4cd} \cdot (-3c) = 4cd \cdot (4 - 3c)$

d) $-25u^2v + 15 + v$ kein Ausklammern möglich

Produkte von Summen

- $\mathbf{(a + b) \cdot (c + d) = ac + ad + bc + bd}$
- Man multipliziert zwei Summen miteinander, indem man jeden Summanden der einen Summe mit jedem Summanden der anderen Summe multipliziert.

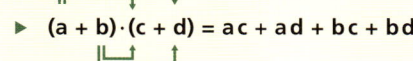

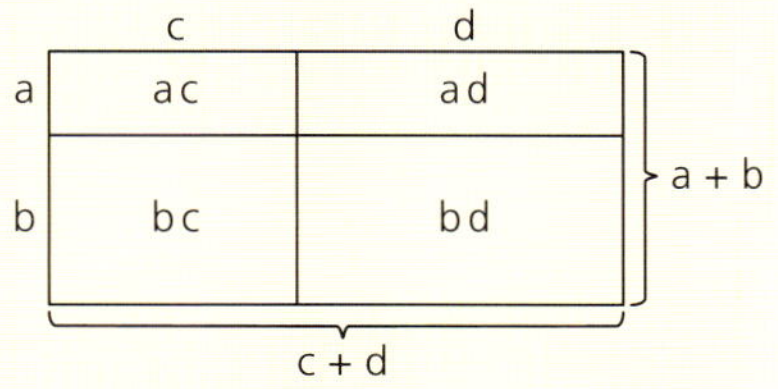

Klammer auflösen:

$(3x - 5) \cdot (-2x + 4) = 3x \cdot (-2x) + 3x \cdot 4 + (-5) \cdot (-2x) + (-5) \cdot 4 = -6x^2 + 12x + 10x - 20 = -6x^2 + 22x - 20$

3. Löse die Klammern auf:

a) $(-6a + 3) \cdot (5 - 4a) = -30a + 24a^2 + 15 - 12a = 24a^2 - 42a + 15$

b) $(2x^2 + 4x) \cdot (-3 - 9x) = -6x^2 - 18x^3 - 12x - 36x^2 = -18x^3 - 42x^2 - 12x$

Binomische Formeln

- Ein **Binom** ist eine Summe aus zwei Summanden.
  (1) Die erste binomische Formel wird angewendet, wenn beide Summanden dasselbe Vorzeichen haben.
  $\mathbf{(a + b)^2 = a^2 + 2ab + b^2}$
  (2) Die zweite binomische Formel wird angewendet, wenn beide Summanden unterschiedliche Vorzeichen haben.
  $\mathbf{(a - b)^2 = a^2 - 2ab + b^2}$
  (3) Die dritte binomische Formel wird angewendet, wenn beide Faktoren in einem Summanden übereinstimmen und die beiden anderen Summanden Term und Gegenterm sind.
  $\mathbf{(a + b) \cdot (a - b) = a^2 - b^2}$
- Zu $\mathbf{x^2 + ax}$ bzw. $\mathbf{x^2 - ax}$ gehört $\left(\frac{a}{2}\right)^2$ als **quadratische Ergänzung**.
  Es gilt: $\mathbf{x^2 + ax + \left(\frac{a}{2}\right)^2 = \left(x + \frac{a}{2}\right)^2}$ bzw. $\mathbf{x^2 - ax + \left(\frac{a}{2}\right)^2 = \left(x - \frac{a}{2}\right)^2}$

erste binomische Formel		zweite binomische Formel		dritte binomische Formel	
4. a) $(3x^2 + 2x)^2$ $= 9x^4 + 12x^3 + 4x^2$	$a \triangleq 3x^2$ $b \triangleq 2x$ $3x^2 \cdot 3x^2 = 9x^4$ $2 \cdot 3x^2 \cdot 2x = 12x^3$ $2x \cdot 2x = 4x^2$	**5.** a) $(-3x + 4xy)^2$ $= 9x^2 - 24x^2y + 16x^2y^2$	$a \triangleq -3x$ $b \triangleq 4xy$	**6.** a) $(4x + 5) \cdot (4x - 5)$ $= 16x^2 - 25$	$a \triangleq 4x$ $b \triangleq 5$ $-b \triangleq -5$
				b) $(-3a - 4b) \cdot (3a - 4b)$ $= 16b^2 - 9a^2$	$a \triangleq -4b$ $b \triangleq 3a$ $-b \triangleq -3a$
b) $(-4y - 5)^2$ $= 16y^2 + 40y + 25$	$a \triangleq -4y$ $b \triangleq -5)$	b) $(7a^2 - 4ab)^2$ $= 49a^4 - 56a^3b + 16a^2b^2$	$a \triangleq 7a^2$ $b \triangleq -4ab$ $-2 \cdot 7a^2 \cdot 4ab$ $= -56a^3b$	c) $(5y^2 - 6y) \cdot (-6y - 5y^2)$ $= 36y^2 - 25y^4$	$a \triangleq -6y$ $b \triangleq 5y^2$ $-b \triangleq -5y^2$

7. Schreibe den Term $x^2 - 8x - 20$ als Produkt.

Zu $x^2 - 8x$ gehört als quadratische Ergänzung 16 ($= 4^2$). Sie wird eingefügt und sofort wieder abgezogen, sodass der Wert des Terms unverändert bleibt.

$x^2 - 8x + \mathbf{16 - 16} - 20 = (x - 4)^2 - 36 = (x - 4 + 6) \cdot (x - 4 - 6) = (x + 2) \cdot (x - 10).$

9 Lineare Gleichungen und Ungleichungen mit einer Variablen

Gleichungen und Ungleichungen als Aussageformen, Grundmenge und Lösungsmenge

- Steht zwischen zwei Termen mit derselben Variablen das Zeichen „=", so liegt eine Gleichung vor. Steht zwischen zwei Termen eines der Zeichen „<, >, ≦ oder ≧", so liegt eine Ungleichung vor. „<" ist kleiner als; „≦" ist kleiner oder gleich; „>" ist größer als; „≧" ist größer oder gleich
- Zu jeder Gleichung bzw. Ungleichung wird eine **Grundmenge G** von Zahlen vorgegeben. Alle Zahlen der Grundmenge, die beim Einsetzen in die Variable eine wahre Aussage aus der Gleichung/Ungleichung machen, bilden die **Lösungsmenge L**.
- Erfüllen **alle** Einsetzungen der Grundmenge G eine Gleichung bzw. Ungleichung, so heißt diese Gleichung/Ungleichung **allgemeingültig** bezüglich G.
- Erfüllt **keine** Einsetzung der Grundmenge G eine Gleichung bzw. Ungleichung, so heißt diese Gleichung/Ungleichung **unerfüllbar** bezüglich G.

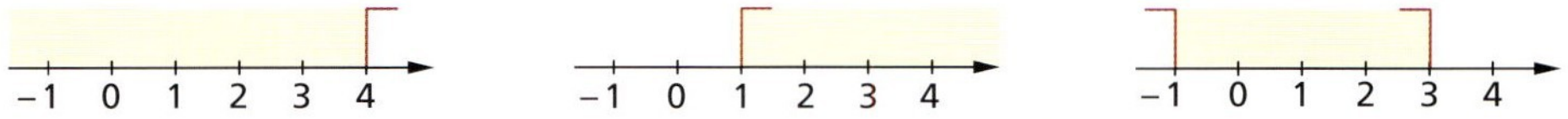

Umformungsregeln für Gleichungen und Ungleichung

- **Bei Gleichungen und Ungleichungen** darf man auf beiden Seiten:
  - Klammern auflösen, ordnen und zusammenfassen
  - denselben ganzrationalen Term addieren oder subtrahieren, er darf nur die Variable enthalten, die in der Gleichung/Ungleichung bereits auftritt
  - mit derselben positiven Zahl multiplizieren oder durch sie dividieren
- **Nur für Gleichungen:** Auf beiden Seiten darf mit derselben negativen Zahl multipliziert oder durch sie dividiert werden.
- **Nur für Ungleichungen:** Auf beiden Seiten darf nur dann mit derselben negativen Zahl multipliziert oder durch sie dividiert werden, wenn man zugleich das Ungleichheitszeichen umkehrt:
  aus „<" wird „>", aus „≦" wird „≧" und umgekehrt.

Lösen von Sachaufgaben durch Gleichungen

Bei der Lösung einer Sachaufgabe sind folgende Schritte notwendig:
(1) Es wird notiert, was gegeben und was gesucht ist.
(2) Das Gesuchte wird **präzise** beschrieben und mit einer Variablen bezeichnet.
(3) Gegebene Informationen werden durch Terme mit der Variablen beschrieben. *Oft ist es hilfreich, zum Sachverhalt eine Skizze anzufertigen.*
(4) Eine Gleichung wird aufgestellt und gelöst. Die Probe wird am Text vorgenommen. Im Beispiel rechts: $5 \cdot (20 - 5) = 3 \cdot (20 + 5); \ 75 = 75$.
(5) Es wird ein Antwortsatz geschrieben.

---

1. Bestimme die Lösungsmenge der Gleichung $(x - 2) \cdot x \cdot (x + 3) = 0$ für die Grundmenge $G = \{-4, -3, -2, -1, 0, 1, 2, 3\}$.

   Alle Zahlen der Grundmenge werden nacheinander in die Gleichung eingesetzt.
   Für drei Zahlen entstehen wahre Aussagen: $(-3 - 2) \cdot (-3) \cdot (-3 + 3) = 0$ wahr
   $(0 - 2) \cdot 0 \cdot (0 + 3) = 0$ wahr
   $(2 - 2) \cdot 2 \cdot (2 + 3) = 0$ wahr
   Für alle anderen Zahlen entstehen falsche Aussagen.
   $L = \{-3, 0, 2\}$

2. Stelle die Lösungsmenge der Ungleichung an der Zahlengerade dar. Es gilt $G = \mathbb{Q}$.
   a) $x < 4$
   b) $x \geq 1$
   c) $-1 < x \leq 3$3. Löse die Gleichung ($G = \mathbb{Q}$)
   $5 \cdot (-4 + 6x) + 4 \cdot (3x + 2) = -(2x - 5) - 2 \cdot (3x - 4)$
   $5 \cdot (-4 + 6x) + 4 \cdot (3x + 2) = -(2x - 5) - 2 \cdot (3x - 4)$
   $-20 + 30x + 12x + 8 = -2x + 5 - 6x + 8$
   $30x + 12x - 20 + 8 = -2x - 6x + 5 + 8$
   $42x - 12 = -8x + 13$ $| + 8x$
   $50x - 12 = 13$ $| + 12$
   $50x = 25$ $| : 50$
   $x = \frac{25}{50}$
   $x = \frac{1}{2}$
   $L = \left\{\frac{1}{2}\right\}$

4. Löse die Ungleichung ($G = \mathbb{Z}$)
   $6x - 4 + 2 \cdot (x - 6) \geq 4 \cdot (3x - 8)$
   $6x - 4 + 2 \cdot (x - 6) \geq 4 \cdot (3x - 8)$
   $6x - 4 + 2x - 12 \geq 12x - 32$
   $6x + 2x - 4 - 12 \geq 12x - 32$
   $8x - 16 \geq 12x - 32$ $|-12x$
   $-4x - 16 \geq -32$ $| + 16$
   $-4x \geq -16$ $|:(-4)!$
   $x \leq \frac{-16}{-4}$
   $x \leq 4$
   $L = \{\ldots -3, -2, -1, 0, 1, 2, 3, 4\}$

Zur Sicherheit kann man eine Probe machen. Bei Gleichungen setzt man die gefundene Zahl in die Ausgangsgleichung ein; bei Ungleichungen prüft man mit den Randzahlen innerhalb und außerhalb der Lösungsmenge.

5. Ein Flussdampfer hat eine Eigengeschwindigkeit von $20 \frac{km}{h}$. Er fährt zunächst fünf Stunden flussaufwärts, kehrt dann um und ist nach drei Stunden wieder am Ausgangsort. Wie stark ist die Strömung des Flusses?

   (1) Gegeben: $20 \frac{km}{h}$ Eigengeschwindigkeit; Fahrzeiten 5 h flussaufwärts, 3 h flussabwärts
   Gesucht: Stärke der Strömung des Flusses
   (2) x ist die durchschnittliche Strömung in $\frac{km}{h}$
   (3)

	flussaufwärts	flussabwärts
Geschwindigkeit	$20 - x$	$20 + x$
Fahrstrecke	$5 \cdot (20 - x)$	$3 \cdot (20 + x)$

   (4) Beide Fahrstrecken sind gleich, also $5 \cdot (20 - x) = 3 \cdot (20 + x)$; Lösung: $x = 5$
   (5) Antwortsatz: Der Fluss strömt durchschnittlich mit $5 \frac{km}{h}$.

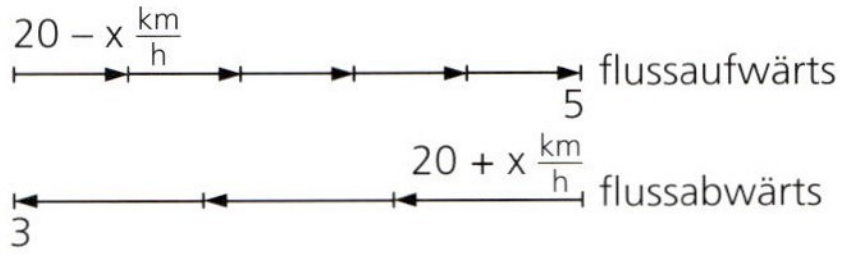

10 Bruchterme

Definitionsbereich

- Brüche, bei denen im Nenner mindestens eine Variable auftritt, heißen **Bruchterme**.
- Der **Definitionsbereich D** eines Terms t ist die Menge aller Einsetzungen, die zu einem Rechenergebnis führen.
- Man erhält kein Rechenergebnis, wenn der Nenner den Wert 0 annimmt.

Bruchterm mit einer Variablen	Bruchterm mit mehreren Variablen
$\frac{a+11}{a^3-9a}$	$\frac{4ab}{a\cdot(b-c)}$
Der Term ist nicht definiert für $a = 0$, $a = 3$ und $a = -3$. $D = \mathbb{Q}\setminus\{-3;\,0;\,3\}$	Der Term ist nicht definiert für alle Einsetzungen mit $a = 0$ oder gleichen Zahlen für b und c.

Achtung:
Kürze nur durch **Faktoren**, nicht durch **Summanden**!

Kürzen und Erweitern von Bruchtermen

- Bruchterme werden wie Brüche gekürzt und erweitert.
- Durch Kürzen (Erweitern) eines Bruchterms t_1 erhält man einen Bruchterm t_2.
  Beide Bruchterme sind bezüglich des Definitionsbereichs von t_1 (t_2) einsetzungsgleich.

Kürzen	Erweitern
Kürze $\frac{x+2}{x^2-4}$ so weit wie möglich.	Erweitere $\frac{y}{y-4}$ mit y.
$\frac{x+2}{x^2-4} = \frac{\cancel{x+2}^{\,1}}{\cancel{(x+2)}_{1}\cdot(x-2)} = \frac{1}{x-2}$ für $D = \mathbb{Q}\setminus\{-2,\,2\}$	$\frac{y}{y-4} = \frac{y^2}{y^2-4y}$ für $D = \mathbb{Q}\setminus\{0,4\}$

Addition, Subtraktion, Multiplikation und Division

- Mit Bruchtermen wird wie mit Brüchen gerechnet: $\frac{a}{c} \pm \frac{b}{c} = \frac{a \pm b}{c}$; $\frac{a}{b}\cdot\frac{c}{d} = \frac{a\cdot c}{b\cdot d}$; $\frac{a}{b}:\frac{c}{d} = \frac{a\cdot d}{b\cdot c}$
- Addition und Subtraktion sind bei Produkten im Nenner in der Regel leichter auszuführen als bei Summen im Nenner.

$\frac{4a+1}{6x} + \frac{5-a}{9x}$	Hauptnenner bestimmen	$\frac{5x}{3x+6} - \frac{4-x}{x^2-4}$
$\text{kgV}(6x,\,9x) = 18x$		$\text{kgV}(3\cdot(x+2),\ (x+2)\cdot(x-2)) = 3\cdot(x^2-4)$
$\frac{3\cdot(4a+1)}{18x} + \frac{2\cdot(5-a)}{18x}$	Erweitern	$\frac{5x\cdot(x-2)}{3\cdot(x^2-4)} - \frac{3\cdot(4-x)}{3\cdot(x^2-4)}$
$= \frac{3\cdot(4a+1)+2\cdot(5-a)}{18x}$	Ausrechnen	$= \frac{5x^2-10x}{3x^2-12} - \frac{12-3x}{3x^2-12}$
$= \frac{12a+3+10-2a}{18x}$		$= \frac{5x^2-10x-12+3x}{3x^2-12}$
$= \mathbf{\frac{10a+13}{18x}}$		$= \mathbf{\frac{5x^2-7x-12}{3x^2-12}}$

1. Notiere den Definitionsbereich D des Terms.

a) $\frac{4x}{3x-9}$
Nenner faktorisieren: $3\cdot(x-3)$
$D = \mathbb{Q}\setminus\{3\}$

b) $\frac{5y-2}{yx\cdot(y+6)}$
Nenner ist faktorisiert.
$D = \mathbb{Q}\setminus\{-6;\,0\}$

c) $\frac{9}{11a}$
Nenner ist faktorisiert.
$D = \mathbb{Q}\setminus\{0\}$

d) $\frac{7b-5}{b^2-25}$
Nenner faktorisieren:
$(b+5)\cdot(b-5)$
$D = \mathbb{Q}\setminus\{-5;\,5\}$

e) $\frac{13}{2c^3-72c}$
$2c\cdot(c^2-36)$
$= 2c\cdot(c+6)\cdot(c-6)$
$D = \mathbb{Q}\setminus\{-6;\,0;\,6\}$

2. Unter welchen Bedingungen ist der Bruchterm definiert?

a) $\frac{2b}{a-c}$
$a \neq c$

b) $\frac{3}{(a+b)\cdot(c-d)}$
$a \neq -b$ und $c \neq d$

c) $\frac{3xy}{x^2-y^2}$
$x^2 - y^2 = (x+y)\cdot(x-y)$
$x \neq y$ und
$x \neq -y\cdot(|x| \neq |y|)$

d) $\frac{5a+3b}{a^2-4ab+4b^2}$
$a^2 - 4ab + 4b^2$
$= (a-2b)^2$
$a \neq 2b$

3. Kürze so weit wie möglich.

a) $\frac{5ab}{a^2b} = \frac{5\cdot\cancel{a}^{1}\cdot\cancel{b}^{1}}{a\cdot\cancel{a}_{1}\cdot\cancel{b}_{1}} = \frac{5}{a}$ für $a \neq 0$ und $b \neq 0$

b) $\frac{4x-8}{x^2-4x+4} = \frac{4\cdot(x-2)}{(x-2)^2} = \frac{4}{x-2}$ für alle $x \neq 2$

4. Erweitere auf denselben Nenner: $\frac{7a}{a^2+6a+9}$ und $\frac{3}{a^2-9}$

Nenner faktorisieren, Hauptnenner bestimmen
$(a+3)^2$ und $(a+3)\cdot(a-3)$, HN: $(a+3)^2\cdot(a-3)$

$\frac{7a}{a^2+6a+9} = \frac{7a\cdot(a-3)}{(a+3)^2\cdot(a-3)}$ und $\frac{3}{a^2-9} = \frac{3\cdot(a+3)}{(a+3)^2\cdot(a-3)}$ für alle $a \neq 3$ und $a \neq -3$

5. Fasse so weit wie möglich zusammen und kürze, wenn es möglich ist.

a) $\frac{3y}{x^2y} + \frac{4x}{xy^2}$
HN: x^2y^2
$= \frac{3y^2}{x^2y^2} + \frac{4x^2}{x^2y^2}$
$= \frac{4x^2+3y^2}{x^2y^2}$

b) $\frac{5a^2}{a+b}\cdot 3a + \frac{3b}{7a^3}$
$= \frac{5a\cdot(3a+3b)}{(a+b)\cdot 7a^3}$
$= \frac{5\cdot\cancel{a}\cdot\cancel{a}\cdot 3\cdot\cancel{(a+b)}}{\cancel{(a+b)}\cdot 7\cdot\cancel{a}\cdot\cancel{a}\cdot a}$
$= \frac{15}{7a}$

c) $\frac{7\cdot(x-y)}{5x+10y} : \frac{x^2-y^2}{x^2+4xy+4y^2}$
$= \frac{7\cdot(x-y)}{5\cdot(x+2y)}\cdot\frac{x^2+4xy+4y^2}{x^2-y^2}$
$= \frac{7\cdot\cancel{(x-y)}\cdot\cancel{(x+2y)}\cdot(x+2y)}{5\cdot\cancel{(x+2y)}\cdot(x+y)\cdot\cancel{(x-y)}}$
$= \frac{7\cdot(x+2y)}{5\cdot(x+y)}$

11 Bruchgleichungen, Gleichungen mit Formvariablen, Formeln

Lösungsverfahren für Bruchgleichungen

- Gleichungen, in denen mindestens ein Bruchterm auftritt, heißen **Bruchgleichungen**.
- In der Grundmenge einer Bruchgleichung darf keine Zahl auftreten, für die einer der Bruchterme nicht definiert ist.
- Je nach Art der Bruchgleichung empfiehlt sich eines der folgenden Lösungsverfahren.

(1) Zusammenfassen, Kehrwert bilden

$\frac{1}{3} - \frac{1}{4} = \frac{1}{x}$; $G = \mathbb{Q}\setminus\{0\}$

Erweitern:

$\frac{4}{12} - \frac{3}{12} = \frac{1}{x}$

$\frac{1}{12} = \frac{1}{x}$

Kehrwert:

$\frac{12}{1} = \frac{x}{1}$

$\mathbf{x = 12}$

(2) Schrittweises Beseitigen der Nenner

$\frac{2y}{y+3} = \frac{5}{4}$; $G = \mathbb{Q}\setminus\{-3\}$

$\frac{2y}{y+3} = \frac{5}{4} \quad | \cdot 4$

$\frac{8y}{y+3} = 5 \quad | \cdot (y+3)$

$8y = 5 \cdot (y+3)$

$8y = 5y + 15 \quad | -5y$

$3y = 15 \quad | :3$

$\mathbf{y = 5}$

(3) Multiplikation mit dem Hauptnenner, Kürzen

$\frac{5}{x+2} = \frac{2x}{x^2-4}$; $G = \mathbb{Q}\setminus\{-2; 2\}$

HN: $x^2 - 4 = (x+2) \cdot (x-2)$

$\frac{5}{x+2} = \frac{2x}{x^2-4} \quad | \cdot (x+2) \cdot (x-2)$

$\frac{5 \cdot \cancel{(x+2)}^{1} \cdot (x-2)}{\cancel{(x+2)}_{1}} = \frac{2x \cdot \cancel{(x+2)}^{1} \cdot \cancel{(x-2)}^{1}}{\cancel{(x+2)}_{1} \cdot \cancel{(x-2)}_{1}}$

$5 \cdot (x-2) = 2x$

…

$\mathbf{x = \frac{10}{3}}$

Achtung: Das Kehrwertverfahren darfst du nur für Bruchgleichungen der Form $\frac{\text{Zähler 1}}{\text{Nenner 1}} = \frac{\text{Zähler 2}}{\text{Nenner 2}}$ anwenden.

Lösen von Gleichungen mit Formvariablen

- Die Gleichungen
  $3x - 11 = 9x - 17 \qquad 4x + \frac{8}{3} = -\frac{1}{5}x - 8{,}6 \qquad -2{,}5x + 19 = -8 + 1{,}5x$
  haben dieselbe Form: $\mathbf{ax + b = cx + d}$
- In dieser Gleichung ist **x** die **Bestimmungsvariable**; a, b, c und d sind Formvariablen. Will man Gleichungen der obigen Form allgemein lösen, löst man die Gleichung mit Formvariablen:

$ax + b = cx + d \quad | -cx - b$

$ax - cx = d - b$

$x \cdot (a - c) = d - b \quad | :(a-c) \quad$ Bedingung: $a \neq c$

$\mathbf{x = \frac{d-b}{a-c}}$

Auflösen von Formeln

- Formeln sind Gleichungen mit Formvariablen.
- Man löst eine Formel nach einer Variablen auf, indem man diese Variable als Bestimmungsvariable auffasst und sie auf einer Gleichungsseite isoliert.
- Löse $W = \frac{G \cdot p}{100}$ nach G auf.

$W = \frac{G \cdot p}{100} \xrightarrow{| \cdot 100} 100W = G \cdot p \xrightarrow{| :p} \mathbf{\frac{100W}{p} = G}$

1. Löse die Bruchgleichung.

a) $\frac{x+3}{2x+1} = \frac{2}{3}$; $G = \mathbb{Q}\setminus\{-0{,}5\}$

nach Verfahren (2)

$\frac{x+3}{2x+1} = \frac{2}{3} \quad | \cdot (2x+1)$

$x + 3 = \frac{2 \cdot (2x+1)}{3} \quad | \cdot 3$

$3 \cdot (x+3) = 2 \cdot (2x+1)$

$3x + 9 = 4x + 2 \quad | -3x$

$9 = x + 2 \quad | -2$

$7 = x$

$x = 7$

b) $\frac{3}{x} + \frac{1}{2} = 0{,}8$; $G = \mathbb{Q}\setminus\{0\}$

nach Verfahren (1)

$\frac{3}{x} + \frac{1}{2} = 0{,}8 \quad | -\frac{1}{2}$

$\frac{3}{x} = \frac{8}{10} - \frac{1}{2}$

$\frac{3}{x} = \frac{8}{10} - \frac{5}{10} = \frac{3}{10}$

Kehrwert

$\frac{x}{3} = \frac{10}{3} \quad | \cdot 3$

$x = 10$

c) $\frac{5}{2x} + 3 = \frac{7}{3x}$; $G = \mathbb{Q}\setminus\{0\}$

nach Verfahren (3)

HN: 6x

$\frac{5}{2x} + 3 = \frac{7}{3x} \quad | \cdot 6x$

$\frac{30x}{2x} + 18x = \frac{42x}{3x}$

$15 + 18x = 14 \quad | -15$

$18x = -1 \quad | :18$

$x = -\frac{1}{18}$

1
2
3
Welches Verfahren ist jetzt das günstigste?

2. Löse die Gleichung $(x+a)^2 - a^2 = x^2 - a^2$.

$(x+a)^2 - a^2 = x^2 - a^2 \quad | +a^2$

$(x+a)^2 = x^2$

$x^2 + 2ax + a^2 = x^2 \quad | -x^2$

$2ax + a^2 = 0 \quad | -a^2$

$2ax = -a^2$

$a = 0$: Die Gleichung ist allgemeingültig.

$a \neq 0$: $2ax = -a^2 \quad | :(2a)$

$x = -\frac{a}{2}$

3. Löse die Gleichung $\frac{1}{b} + \frac{1}{g} = \frac{1}{f}$ mit b als Bestimmungsvariable.
(Bedingung: $b \neq 0$, $g \neq 0$, $f \neq 0$)

$\frac{1}{b} + \frac{1}{g} = \frac{1}{f} \quad | -\frac{1}{g}$

$\frac{1}{b} = \frac{1}{f} - \frac{1}{g}$

$\frac{1}{b} = \frac{g}{fg} - \frac{f}{fg} \quad \left(= \frac{g-f}{fg}\right)$

Kehrwert

$b = \frac{fg}{g-f}$

Zusatzbedingung: $g \neq f$

4. Löse die Formel $A = \frac{a+c}{2} \cdot h$ nach a, c und h auf.

$A = \frac{a+c}{2} \cdot h \xrightarrow{\cdot 2} 2A = (a+c) \cdot h$

$2A = (a+c) \cdot h \xrightarrow{| :(a+c)} h = \frac{2A}{a+c}$

$2A = (a+c) \cdot h \xrightarrow{| :h} \frac{2A}{h} = a + c$

$\frac{2A}{h} = a + c \xrightarrow{| -a} c = \frac{2A}{h} - a$

$\frac{2A}{h} = a + c \xrightarrow{| -c} a = \frac{2A}{h} - c$

12 Lineare Funktionen und Geradengleichungen

Funktionen und Funktionsgraphen

- Funktionen ordnen einer Zahl oder Größe x aus ihrer **Definitionsmenge D genau eine** Zahl oder Größe y als Funktionswert zu. Die Menge aller Funktionswerte heißt **Wertemenge W**.
- Die Darstellung einer Funktion im Koordinatensystem heißt **Graph** der Funktion. An ihm kann man ablesen, welcher Funktionswert y einem x-Wert eindeutig zugeordnet ist.

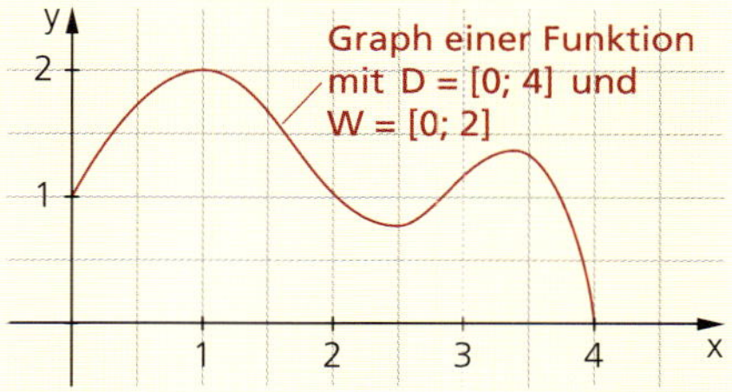

Funktionsgleichungen und Wertetabellen

- Bei vielen Funktionen beschreibt eine **Funktionsgleichung** $y = f(x)$, wie man einem x-Wert den Funktionswert y zuordnet, z. B. $y = \frac{1}{4}x^2$.
- Mithilfe der Funktionsgleichung kann man eine **Wertetabelle** anlegen und den Graph der Funktion zeichnen:

x	0	±1	±2	±3
y	0	$\frac{1}{4}$	1	$2\frac{1}{4}$

$W = [0; 2\frac{1}{4}]$

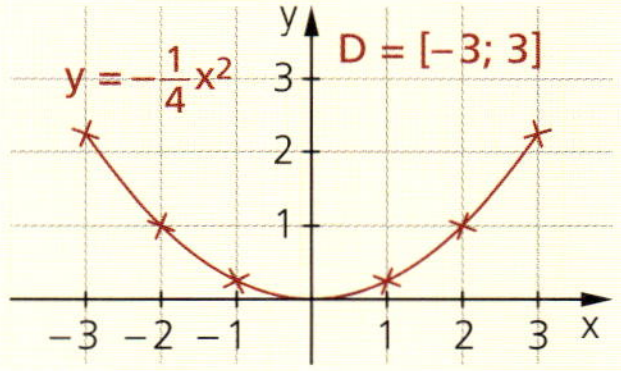

Lineare Funktionen, Steigung und Achsenabschnitt

- Funktionen, deren Graphen Geraden sind, heißen **lineare Funktionen**.
- Ihre Funktionsgleichungen können in der Form **y = m x + b** geschrieben werden.
- Die Funktionsgraphen schneiden die **y-Achse** an der Stelle **b** (Achsenabschnitt).
- Die Funktionsgraphen haben die **Steigung m**; das bedeutet: Auf jeder Einheit nach rechts steigt $(m > 0)$ bzw. fällt $(m < 0)$ die Gerade um $|m|$ Einheiten.
- Die Funktionsgleichung **y = m x + b** bezeichnet man auch als **Geradengleichung**.

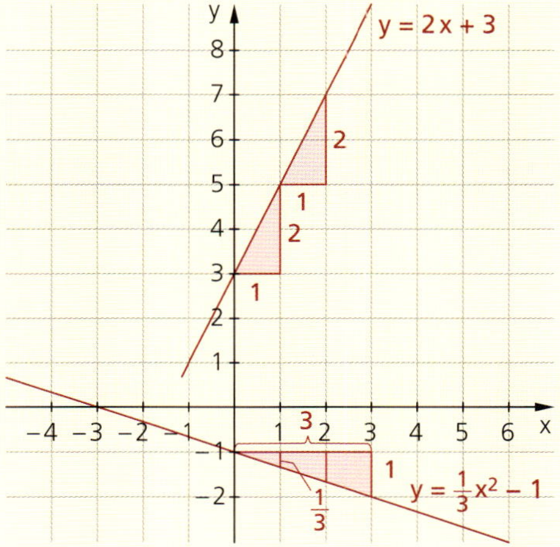

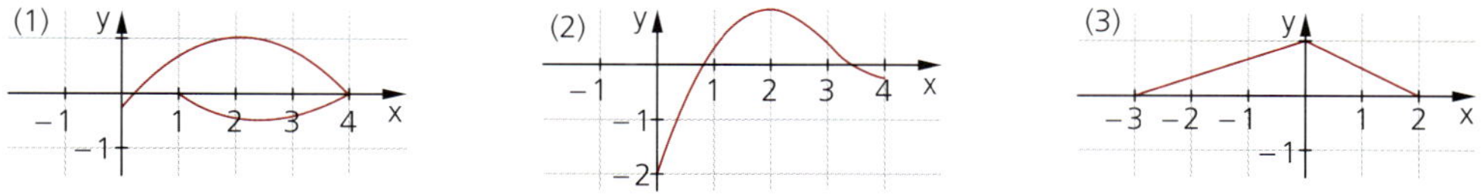

1. a) Bei welchen Kurven handelt es sich um Graphen von Funktionen?

(2) und (3) sind Graphen von Funktionen, (1) nicht, denn z. B. $x = 2$ sind zwei y-Werte zugeordnet.

b) Notiere für die Funktionen die Definitions- und Wertemenge.

(2): $D = [0; 4]$, $W = [-2; 1]$ und (3): $D[-3; 2]$, $W = [0; 1]$

2. a) Lege für die Funktion mit der Gleichung $y = \frac{1}{10}x^3$ für $D = [-3; 3]$ eine Wertetabelle an.

x	−3	−2	−1	0	1	2	3
y	−2,7	−0,8	−0,1	0	0,1	0,8	2,7

b) Trage die Punkte aus der Wertetabelle in ein Koordinatensystem ein und zeichne den Graphen.

zu b)

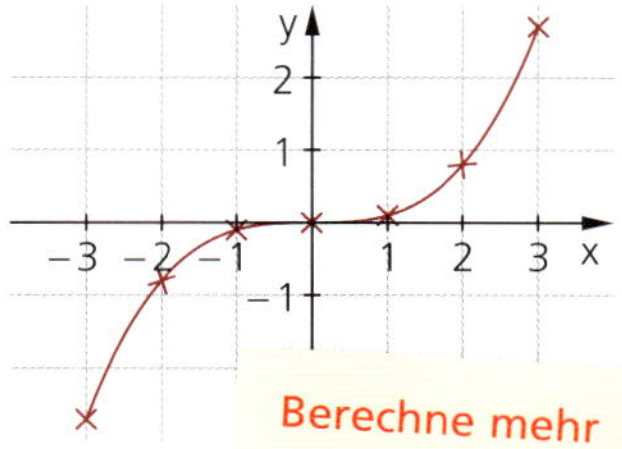

Berechne mehr Punkte, wenn der Verlauf unklar ist.

3. Zeichne den Graph der Funktion $y = 0{,}4x - 1$.

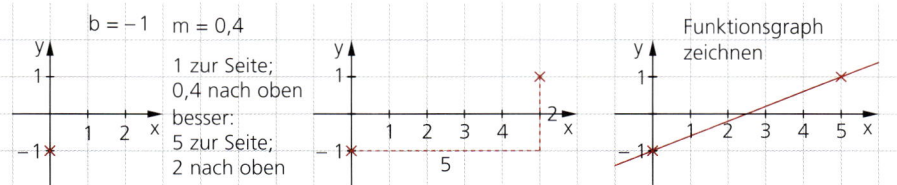

b = −1

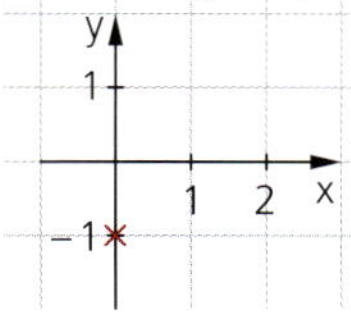

m = 0,4

1 zur Seite; 0,4 nach oben besser: 5 zur Seite; 2 nach oben

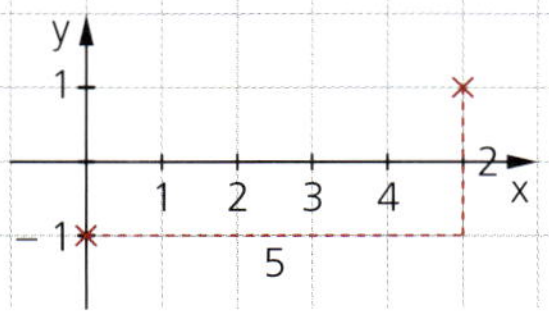

Funktionsgraph zeichnen

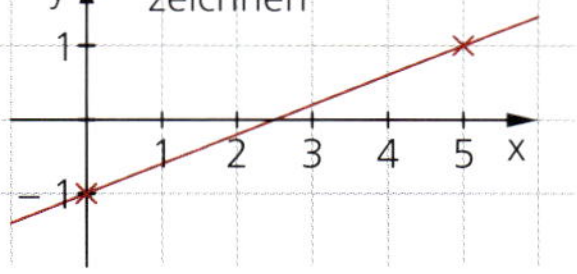

4. Wie heißt die Geradengleichung zu dem abgebildeten Funktionsgraphen?

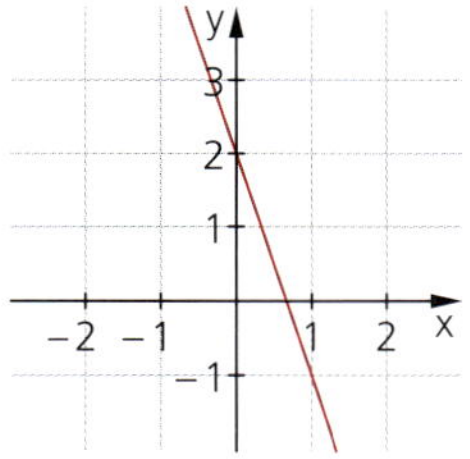

b = 2
Steigungsdreieck einzeichnen
Gerade fällt, also $m < 0$

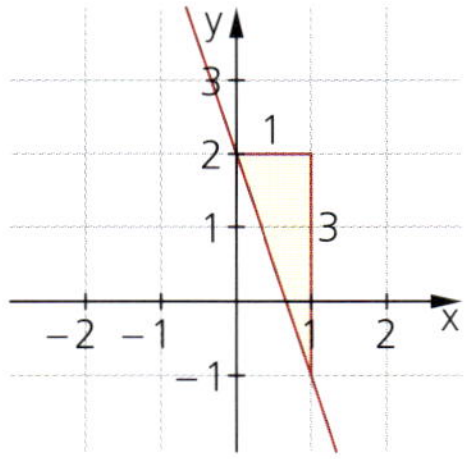

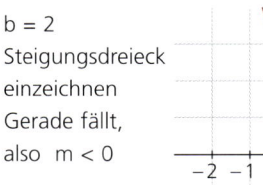

Gleichung:
$y = -3x + 2$

Bei der Steigung ist es sinnvoll, Dezimalbrüche in Brüche umzuwandeln.

13 Geradengleichungen – lineare Gleichungen mit zwei Variablen

Formen der Geradengleichung

- **Hauptform $y = mx + b$**

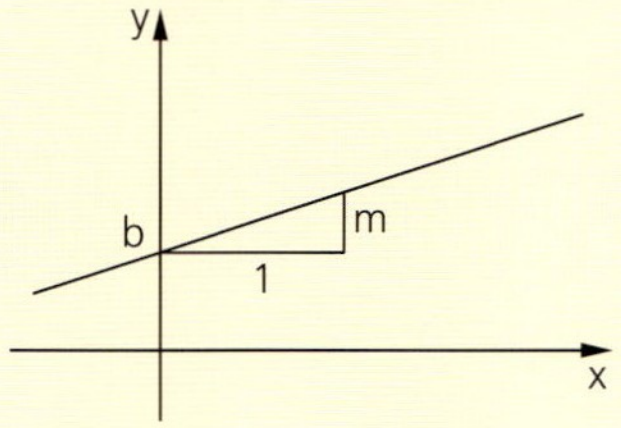

- **Zwei-Punkte-Form $\frac{y - y_1}{x - x_1} = \frac{y_2 - y_1}{x_2 - x_1}$**

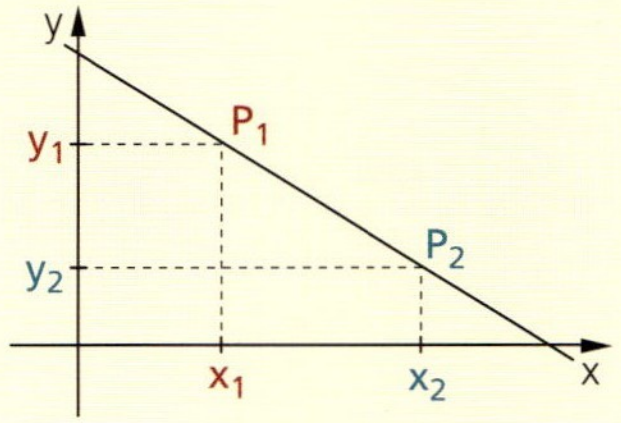

- **Punkt-Steigungs-Form $\frac{y - y_1}{x - x_1} = m$**

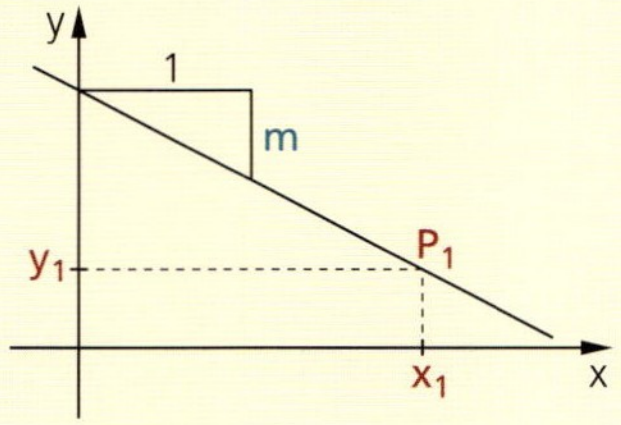

- **Achsenabschnittsform $\frac{x}{a} + \frac{y}{b} = 1$**

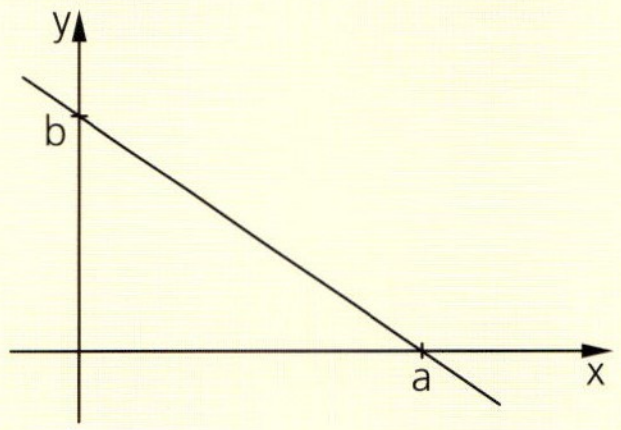

1. Eine Gerade verläuft durch die Punkte $P_1(1|4)$ und $P_2(5|-2)$. Wie heißt die Hauptform ihrer Geradengleichung?

   (1) Die Koordiaten der Punkte P_1 und P_2 werden in die Zwei-Punkte-Form eingesetzt:
   $$\frac{y-4}{x-1} = \frac{-2-4}{5-1}$$
   (2) Die Gleichung wird umgeformt zu $y = mx + b$
   $$\frac{y-4}{x-1} = \frac{-2-4}{5-1}$$
   $$\frac{y-4}{x-1} = -\frac{6}{4}$$
   $$\frac{y-4}{x-1} = -1{,}5$$
   $$y - 4 = -1{,}5 \cdot (x-1)$$
   $$y - 4 = -1{,}5x + 1{,}5$$
   $$y = -1{,}5x + 5{,}5$$

2. Eine Gerade schneidet die x-Achse an der Stelle $a = 4$ und die y-Achse an der Stelle $b = -8$. Wie heißt die Hauptform ihrer Geradengleichung?
   $$\frac{x}{4} + \frac{y}{-8} = 1 \quad | \cdot(-8)$$
   $$\frac{-8x}{4} + \frac{-8y}{-8} = -8$$
   $$-2x + y = -8 \quad | + 2x$$
   $$y = 2x - 8$$

Länge und Mittelpunkt der Strecke $\overline{P_1P_2}$, zueinander senkrechte Geraden

- Abstand von P_1 und P_2:
  $$\mathbf{d = \sqrt{(x_2 - x_1)^2 + (y_2 - y_1)^2}}$$
- Mittelpunkt M von $\overline{P_1P_2}$:
  $$\mathbf{M = \left(\frac{x_1 + x_2}{2} \middle| \frac{y_1 + y_2}{2}\right)}$$
- Zwei Geraden g_1 und g_2 mit den Steigungen m_1 und m_2 sind **senkrecht** zueinander, wenn $\mathbf{m_1 \cdot m_2 = -1}$ gilt – sonst nicht.

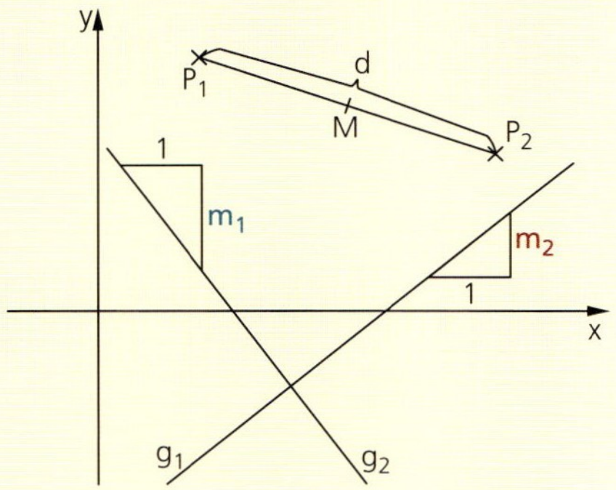

3. Wie weit sind die Punkte $P_1(2|5)$ und $P_2(-3|-7)$ voneinander entfernt?
   $d = \sqrt{(-3-2)^2 + (-7-5)^2} = \sqrt{25 + 144} = \sqrt{169} = 13$ Der Abstand beträgt 13 LE.

4. Bestimme den Mittelpunkt der Strecke $\overline{AB}$ mit $A(-4|3)$ und $B(9|-5)$.
   $M = \left(\frac{-4+9}{2} \middle| \frac{3-5}{2}\right) = \left(\frac{5}{2} \middle| -1\right)$ Der Mittelpunkt ist $M(2{,}5|-1)$.

5. Prüfe, ob die beiden Geraden senkrecht zueinander sind.

   a) $y = 3x - 7$; $y = x + 5$
   $3 \cdot \frac{1}{3} = 1;\ 1 \neq -1$
   nicht senkrecht

   b) $y = 2x - 3{,}7$; $y = -0{,}5x + 9$
   $2 \cdot (-0{,}5) = -1$
   senkrecht

   c) $y = -\frac{1}{3}x + 4$; $y = \frac{2}{3}x - 3$
   $-\frac{1}{3} \cdot \frac{2}{3} = -\frac{2}{9};\ -\frac{2}{9} \neq -1$
   nicht senkrecht

   d) $y = -0{,}4x - 7$; $y = 2{,}5x + 1$
   $-0{,}4 \cdot 2{,}5 = -1$
   senkrecht

Lineare Gleichungen mit zwei Variablen; Grundmenge und Lösungsmenge

- Gleichungen, die auf die Form $\mathbf{ax + by = c}$ gebracht werden können, heißen **lineare Gleichungen mit zwei Variablen**. Sie können umgeformt werden in Geradengleichungen.
- Grundmenge ist eine Menge von **Zahlenpaaren**, in der Regel $\mathbb{Q} \times \mathbb{Q}$. Die Lösungsmenge kann dann als Gerade im Koordinatensystem dargestellt werden.

6. Prüfe, ob die Gleichung $3 \cdot (x - 4) + (y - 1)^2 - 6x = 3x + (y - 2) \cdot (y + 2)$ eine lineare Gleichung mit zwei Variablen ist.
   $$3x - 12 + y^2 - 2y + 1 - 6x = 3x + y^2 - 4 \quad | -y^2$$
   $$-3x - 2y - 11 = 3x - 4 \quad | +11 - 3x$$
   $$-6x - 2y = 7$$
   Es liegt eine lineare Gleichung mit zwei Variablen vor.

14 Lineare Gleichungssysteme, Grundmenge, Lösungsmenge

Gleichungssysteme mit zwei Variablen, Grundmenge, Lösungsmenge

▶ $\text{I } ax + by = c$
$\text{II } dx + ey = f$
Dies ist die Grundform eines linearen Gleichungssystems mit zwei Variablen. Einsetzungen sind Zahlenpaare; die erste Zahl ist für x, die zweite für y einzusetzen (entsprechend der alphabetischen Reihenfolge).

▶ $G = \mathbb{N} \times \mathbb{N}$ oder $G = \mathbb{Q} \times \mathbb{Q}$ usw.
Die Lösungsmenge L enthält **alle** Zahlenpaare der Grundmenge, die aus beiden Gleichungen des Systems wahre Aussagen machen.

Zeichnerische Lösung

(1) Beide Gleichungen des Systems werden nach y aufgelöst – also in die Form $y = mx + b$ gebracht.
(2) Zu beiden Gleichungen werden die Lösungsmengen als Geraden im Koordinatensystem gezeichnet.
(3) Die Koordinaten x und y des Schnittpunktes werden abgelesen. Sie stellen das Lösungspaar für das Gleichungssystem dar.
(4) Durch Einsetzen der gefundenen Lösung in **beide Ausgangsgleichungen** wird die Probe gemacht, ob das zutreffende Zahlenpaar abgelesen wurde.

Achtung, es gibt zwei Sonderfälle: Die Geraden schneiden sich nicht (keine Lösung) oder sind identisch (unendlich viele Lösungen).

Rechnerische Lösung

Additionsverfahren

$\text{I } 3x - 2y = 13$
$\text{II } 2x + 2y = 22$ (+)
$5x = 35$
$x = 7$
Teillösung einsetzen in eine Gleichung, z. B. II
$2 \cdot 7 + 2y = 22$
$14 + 2y = 22$
$2y = 8$
$y = 4$
L = {7|4}

Einsetzungsverfahren

$\text{I } y = 2x + 11$
$\text{II } 8x + 4y = -4$
einsetzen von I in II:
$8x + 4 \cdot (2x + 11) = -4$
$8x + 8x + 44 = -4$
$16x = -48$
$x = -3$
Teillösung einsetzen in I
$y = 2 \cdot (-3) + 11$
$y = 5$
L = {−3|5}

Gleichsetzungsverfahren

$\text{I } x = -8 - 2y$
$\text{II } x = y + 13$
I und II gleichsetzen:
$-8 - 2y = y + 13$
$-8 = 3y + 13$
$-21 = 3y$
$y = -7$
Teillösung einsetzen in eine Gleichung, z. B. II
$x = -7 + 13$
$x = 6$
L = {6|−7}

1. Gegeben ist das folgende Gleichungssystem mit den Gleichungen I und II.

a) Bringe das Gleichungssystem in die Grundform.

$\text{I } 3x + 8 - x = 7 - y \Leftrightarrow \text{I } 2x + 8 = 7 - y \Leftrightarrow \text{I } 2x + y = -1$
$\text{II } 2 \cdot (3x - y) - 7 - 11x = 2y \Leftrightarrow \text{II } 6x - 2y - 7 - 11x = 2y \Leftrightarrow \text{II } -5x - 4y = 7$

b) Prüfe, ob die Zahlenpaare (4|−9), (1|−3) und (7|9) Lösungen sind.

(4|−9):
$\text{I } 2 \cdot 4 - 9 = -1$ w
$\text{II } -5 \cdot 4 - 4 \cdot (-9) = 7$ f
keine Lösung

(1|−3):
$\text{I } 2 \cdot 1 - 3 = -1$ w
$\text{II } -5 \cdot 1 - 4 \cdot (-3) = 7$ w
Lösung

(7|9):
$\text{I } 2 \cdot 7 + 9 = -1$ f
$\text{II } -5 \cdot 7 - 4 \cdot 9 = 7$ f
keine Lösung

2. Löse das System zeichnerisch.

$\text{I } 3x + 2y = 8$
$\text{II } 4x - 4y = 24$

(1) $\text{I } 2y = -3x + 8 \Leftrightarrow \text{I } y = -\frac{3}{2}x + 4$
$\text{II } -4y = -4x + 24 \Leftrightarrow \text{II } y = x - 6$

(4) Probe:
$\text{I } 3 \cdot 4 + 2 \cdot (-2) = 8$
$12 - 4 = 8$ w
$\text{II } 4 \cdot 4 - 4 \cdot (-2) = 24$
$16 + 8 = 24$ w
L = {4|−2}

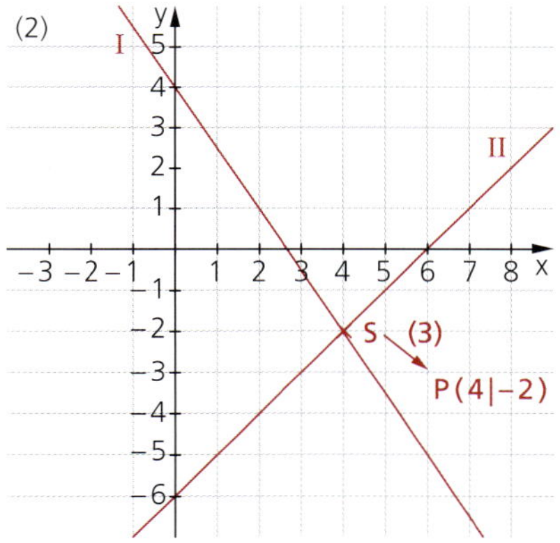

3. Löse mit dem Additionsverfahren.

$\text{I } 3x - 7y = 1 \quad |\cdot(-2)$
$\text{II } 2x + 4y = 18 \quad |\cdot 3$
Hier müssen beide Gleichungen zuerst geschickt multipliziert werden!
$\text{I } -6x + 14y = -2$
$\text{II } 6x + 12y = 54$
$26y = 52$
$y = 2$
Einsetzen in II:
$2x + 4 \cdot 2 = 18$
$2x + 8 = 18$
$2x = 10$
$x = 5$
L = {5|2}

4. Löse mit dem Einsetzungsverfahren.

$\text{I } 3x + y = -18$ (auflösen nach y) $\text{I } y = -3x - 18$
$\text{II } 2x - 5y = 22$
einsetzen von I in II
$2x - 5 \cdot (-3x - 18) = 22$
$2x + 15x + 90 = 22$
$17x + 90 = 22$
$17x = -68$
$x = -4$
Ergebnis für x in I einsetzen
$y = -3 \cdot (-4) - 18$
$y = 12 - 18$
$y = -6$
L = {−4|−6}

15 Quadratwurzeln, Kubikwurzeln, irrationale Zahlen

Quadrat- und Kubikwurzeln

- Quadrat- und Kubikwurzeln kann man nur aus Zahlen a ziehen, die nicht negativ sind.
  Es gilt:
  1. Die Quadratwurzel (oder kurz Wurzel) aus der Zahl a (im Zeichen $\sqrt{a}$) ist diejenige nicht negative Zahl b, deren Quadrat a ist. $\mathbf{\sqrt{a} = b}$**, wenn** $\mathbf{b^2 = a}$**, sonst nicht.**
  2. Die Kubikwurzel (oder 3. Wurzel) aus der Zahl a (im Zeichen $\sqrt[3]{a}$) ist diejenige nicht negative Zahl c, deren 3. Potenz a ist. $\mathbf{\sqrt[3]{a} = c}$**, wenn** $\mathbf{c^3 = a}$**, sonst nicht.**
- a heißt **Radikand** der Quadrat- bzw. Kubikwurzel.

Irrationale Zahlen

- Jede Zahl, die als Bruch $\frac{a}{b}$ mit $a \in \mathbb{Z}$ und $b \in \mathbb{N}^*$ dargestellt werden kann, ist eine rationale Zahl.
- Viele Quadrat- und Kubikwurzeln sind keine rationalen Zahlen, sie sind **irrational**.
  Man kann sie als unendliche, nicht-periodische Dezimalbrüche darstellen.
- Wir beweisen **indirekt**: $\sqrt{3}$ ist irrational.
  1. Annahme des Gegenteils: $\sqrt{3}$ ist rational.
  2. Folgerungen aus der Annahme 1:
     Es gibt einen Bruch $\frac{a}{b}$, sodass $\frac{a}{b} = \sqrt{3}$ mit $b \neq 1$ ($\sqrt{3}$ ist keine ganze Zahl) und a und b sind teilerfremd ($\frac{a}{b}$ ist vollständig gekürzt).
     $\frac{a}{b} = \sqrt{3} \rightarrow \frac{a^2}{b^2} = 3$ (Gleichung quadriert).
  3. Erkennen eines Widerspruchs: $\frac{a \cdot a}{b \cdot b}$ kann nicht gekürzt werden und wegen $b \neq 1$ kann der Bruch keine ganze Zahl sein.

  Aus dem Widerspruch folgt, dass das Gegenteil der Annahme richtig ist: $\sqrt{3}$ **ist irrational.**

> Indirekter Beweis:
> Man führt eine Annahme zum Widerspruch und beweist so das Gegenteil der Annahme.

Rechengesetze für Quadrat- und Kubikwurzeln

- (1) $\mathbf{b\sqrt{a} \pm c\sqrt{a} = (b \pm c)\sqrt{a}}$ $\qquad b\sqrt[3]{a} \pm c\sqrt[3]{a} = (b - c)\sqrt[3]{a}$
  Quadrat- oder Kubikwurzeln mit verschiedenen Radikanden können **nicht** bei Addition oder Subtraktion zusammengefasst werden.
- (2) $\mathbf{\sqrt{a} \cdot \sqrt{b} = \sqrt{a \cdot b}}$ $\qquad \sqrt[3]{a} \cdot \sqrt[3]{b} = \sqrt[3]{a \cdot b}$
- (3) $\mathbf{\frac{\sqrt{a}}{\sqrt{b}} = \sqrt{\frac{a}{b}}}$ $\qquad \frac{\sqrt[3]{a}}{\sqrt[3]{b}} = \sqrt[3]{\frac{a}{b}}$
- (4) $\mathbf{\frac{\sqrt{a}}{\sqrt{b}} = \frac{1}{b}\sqrt{a\,b}}$ $\qquad \frac{\sqrt[3]{a}}{\sqrt[3]{b}} = \frac{1}{b}\sqrt[3]{a\,b^2}$

1. Bestimme die Quadratwurzel.

a) $\sqrt{144} = 12$, weil $12^2 = 144$
b) $\sqrt{0{,}25} = 0{,}5 \;\; (0{,}5^2 = 0{,}25)$
c) $\sqrt{-7}$: existiert nicht
d) $\sqrt{\frac{4}{9}} = \frac{2}{3} \;\; \left(\left(\frac{2}{3}\right)^2 = \frac{4}{9}\right)$

2. Bestimme die Kubikwurzel.

a) $\sqrt[3]{8} = 2$, weil $2^3 = 8$
b) $\sqrt[3]{0{,}001} = 0{,}1 \;\; (0{,}1^3 = 0{,}001)$
c) $\sqrt[3]{\frac{27}{1000}} = \frac{3}{10} \;\; \left(\left(\frac{3}{10}\right)^3 = \frac{27}{1000}\right)$
d) $\sqrt[3]{-125}$: existiert nicht

3. Beweise: $\sqrt[3]{19}$ ist irrational.

Der Beweis erfolgt indirekt.
Wir nehmen an, $\sqrt[3]{19}$ ist rational.
Dann gibt es einen Bruch $\frac{a}{b}$ mit natürlichen Zahlen a und b, sodass $\sqrt[3]{19} = \frac{a}{b}$.
Dabei gilt $b \neq 1$ und a ist teilerfremd zu b.
$\sqrt[3]{19} = \frac{a}{b} \rightarrow 19 = \frac{a^3}{b^3}$ Widerspruch!
Der Bruch $\frac{a^3}{b^3}$ kann nicht gekürzt werden, $b \neq 1$, folglich kann dieser Bruch keine ganze Zahl sein.

4. Für welche natürlichen Zahlen ist die Quadratwurzel, für welche die Kubikwurzel irrational?

a) Für die Quadratzahlen 1, 4 ($= 2^2$), 9 ($= 3^2$), 16 ($= 4^2$) usw. ist die Wurzel eine natürliche Zahl, für alle anderen natürlichen Zahlen ist die Wurzel irrational.
b) Für die Kubikzahlen 1, 8 ($= 2^3$), 27 ($= 3^3$), 64 ($= 4^3$) usw. ist die Kubikwurzel rational, für alle anderen natürlichen Zahlen ist die Kubikwurzel irrational.

5. Vereinfache:

a) $7\sqrt[3]{5} + 9\sqrt[3]{5} = 16\sqrt[3]{5}$
b) $4\sqrt{11} - \sqrt{11} = 3\sqrt{11}$

6. Berechne ohne Taschenrechner.

a) $\sqrt{8} \cdot \sqrt{2} = \sqrt{8 \cdot 2} = \sqrt{16} = 4$
b) $\sqrt[3]{0{,}25} : \sqrt[3]{2} = \sqrt[3]{0{,}25 : 2} = \sqrt[3]{0{,}125} = 0{,}5$

7. Mache den Nenner rational.
(Das heißt: Forme mithilfe des 4. Gesetzes so um, dass kein Wurzelzeichen im Bruch steht.)

a) $\sqrt{\frac{a}{2}} = \frac{\sqrt{a}}{\sqrt{2}} = \frac{1}{2}\sqrt{a \cdot 2} = \frac{1}{2}\sqrt{2a}$

b) $\sqrt[3]{\frac{x}{6}} = \frac{\sqrt[3]{x}}{\sqrt[3]{6}} = \frac{1}{6}\sqrt[3]{x \cdot 6^2} = \frac{1}{6}\sqrt[3]{36x}$

Funktionsgleichung und Graph

- **Quadratische Funktionen** haben eine **Funktionsgleichung**, die sich zu $\mathbf{y = a x^2 + b x + c}$ mit $a \neq 0$ umformen lässt.
- Der zugehörige Graph ist eine **Parabel**, die bei $a > 0$ nach oben und bei $a < 0$ nach unten geöffnet ist.
- Parabeln sind achsensymmetrisch zu einer Parallelen der y-Achse.
- Der höchste bzw. niedrigste Punkt heißt **Scheitelpunkt**.

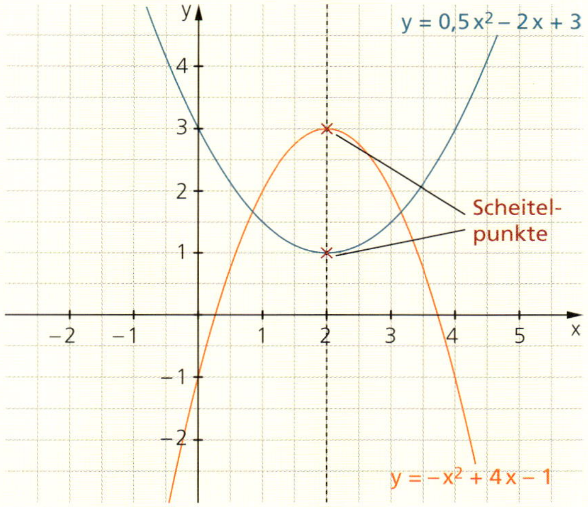

1. Gegeben ist die quadratische Funktion mit der Funktionsgleichung $y = -2x^2 - 8x + 6$.
   a) Ergänze die Wertetabelle.

x	–5	–4	–3	–2	–1	0	1	–5,5	1,5
y	–4	6	12	14	12	6	–4	–10,5	–10,5

   b) Zeichne den Funktionsgraphen und seinen Scheitelpunkt.
   c) Markiere die Symmetrieachse.

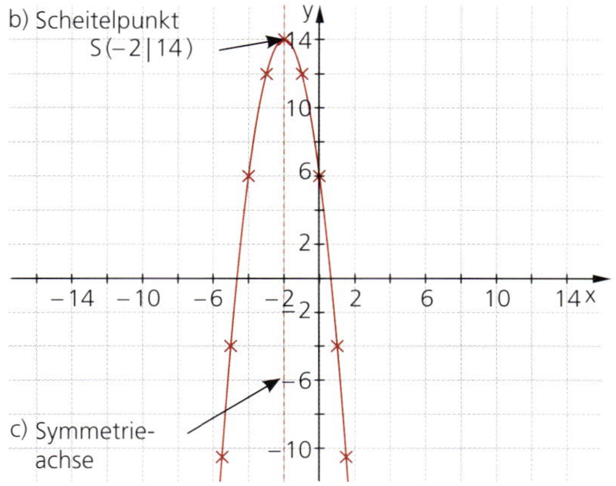

Je größer der Betrag von a ist, desto steiler ist die Parabel

Normalparabel und verschobene Normalparabel

- Der Graph der Funktion mit der Gleichung $\mathbf{y = x^2}$ heißt **Normalparabel**.
- Eine Funktion mit der Gleichung $\mathbf{y = x^2 + b}$ hat als Graphen eine um **b** Einheiten **längs der y-Achse** verschobene Normalparabel.
- Eine Funktion mit der Gleichung $\mathbf{y = (x + a)^2}$ hat als Graphen eine um **–a** Einheiten **längs der x-Achse** verschobene Normalparabel.
- Eine Funktion mit der Gleichung $\mathbf{y = (x + a)^2 + b}$ hat als Graphen eine verschobene Normalparabel mit dem Scheitelpunkt **S(–a|b)**.
- Die Form $\mathbf{y = (x + a)^2 + b}$ einer Funktionsgleichung heißt deshalb **Scheitelpunktform**.

2. Eingezeichnet ist die Normalparabel $y = x^2$.
   a) Zeichne den Graphen der Funktion $y = x^2 - 3$ durch Verschiebung ein.
   b) Zeichne den Graphen der Funktion $y = (x - 4)^2$ durch Verschiebung ein.
   c) Zeichne den Graphen der Funktion $y = (x + 1)^2 + 2$ durch Verschiebung ein. Beginne mit der Verschiebung des Scheitelpunktes.

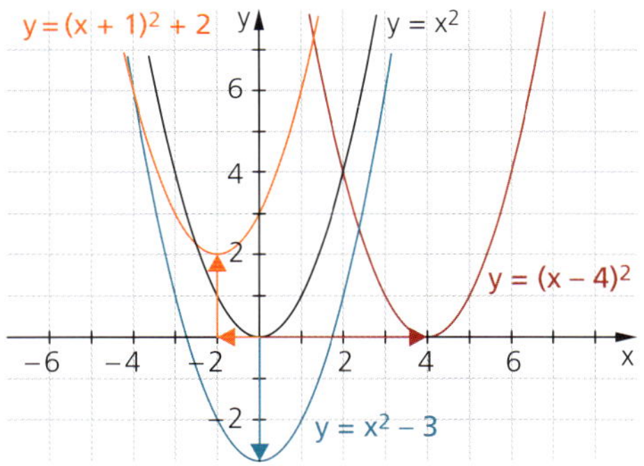

Rechnerische Bestimmung des Scheitelpunktes bei quadratischen Funktionen mit Gleichungen der Form $y = x^2 + px + q$

- Ist eine quadratische Funktion in der Form $y = x^2 + px + q$ gegeben, so erhält man mit folgenden Schritten die Scheitelpunktform:
  (1) Quadratische Ergänzung addieren und subtrahieren:
  $y = x^2 + px + \left(\frac{p}{2}\right)^2 - \left(\frac{p}{2}\right)^2 + q$
  (2) Zusammenfassung der ersten drei und letzten beiden Summanden:
  $y = \left(x + \frac{p}{2}\right)^2 - \left(\left(\frac{p}{2}\right)^2 - q\right)$
  Der Scheitelpunkt ist $S\left(-\frac{p}{2} \,\middle|\, \left(\left(\frac{p}{2}\right)^2 - q\right)\right)$.

3. Forme zur Scheitelpunktform um: $y = x^2 - 6x + 5$
   (1) $y = x^2 - 6x + 9 - 9 + 5$
   (2) $y = (x - 3)^2 - 4$
   $S(3|-4)$

4. Berechne den Scheitelpunkt mithilfe von p und q: $y = x^2 - 8x + 17$
   $-\frac{p}{2} = -\frac{-8}{2} = 4$
   $-\left(\left(\frac{p}{2}\right)^2 - q\right) = -(16 - 17) = 1$
   $\Big\}\ S(4|1)$

17 Quadratische Gleichungen 1

Nullform und Normalform der quadratischen Gleichung

- Gleichungen, die in die Form $ax^2 + bx + c = 0$ mit $a \neq 0$ gebracht werden können, heißen **quadratische Gleichungen**.
- $ax^2 + bx + c = 0$ wird als **Nullform** der quadratischen Gleichung bezeichnet. Dabei ist ax^2 das quadratische, bx das lineare und c das absolute Glied.
- Hat das quadratische Glied der Nullform den Koeffizienten 1 ($a = 1$), so spricht man von der **Normalform der quadratischen Gleichung:**
$x^2 + px + q = 0$.

Zeichnerische Lösung quadratischer Gleichungen

- Es gibt zwei zeichnerische Lösungen:
  (1) Die quadratische Gleichung wird in die Normalform $x^2 + px + q = 0$ gebracht.

  A
  (2) Die zugehörige Funktion $y = x^2 + px + q$ wird in die Scheitelpunktform gebracht.
  (3) Der Graph der Funktion wird mit einer Schablone der Normalparabel gezeichnet.
  (4) Die Nullstellen (wenn sie existieren) werden abgelesen.

  B
  (2) Die Gleichung wird zu $x^2 = -px - q$ umgeformt.
  (3) Es werden die Normalparabel sowie der Graph der linearen Funktion $y = -px - q$ gezeichnet.
  (4) Die x-Koordinaten der beiden Schnittpunkte (wenn sie existieren) werden abgelesen.

  (5) An der Ausgangsgleichung wird die Probe gemacht.

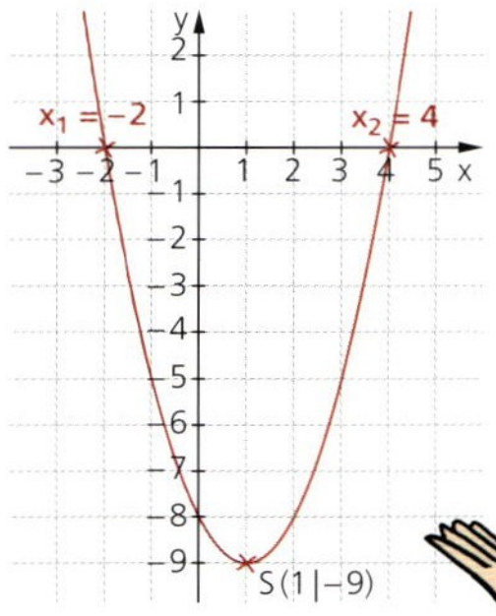

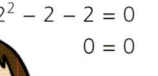

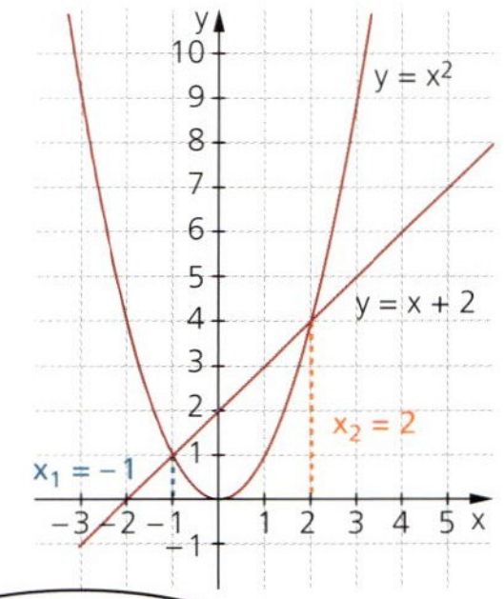

Rechnerische Lösung spezieller quadratischer Gleichungen

- **Gemischtquadratische Gleichungen ohne absolutes Glied**
  $x^2 + px = 0$
  $\Leftrightarrow x \cdot (x + p) = 0$
  Die beiden Lösungen sind $x_1 = 0$ und $x_2 = -p$
- **Reinquadratische Gleichungen**
  $x^2 + q = 0$
  $q > 0$, es gibt keine Lösung
  $q < 0$, wir schreiben: $x^2 - q = 0$; mit $q > 0$
  $\Leftrightarrow (x + \sqrt{q}) \cdot (x - \sqrt{q}) = 0$
  Die beiden Lösungen sind $x_1 = -\sqrt{q}$ und $x_2 = \sqrt{q}$

---

1. Prüfe, ob die Gleichung
$(x - 7)^2 + 5x^2 = -7 \cdot (2 - x)$
eine quadratische Gleichung ist.

$(x - 7)^2 + 5x^2 = -7 \cdot (2 - x)$
$\Leftrightarrow x^2 - 14x + 49 + 5x^2 = -14 + 7x$
$\Leftrightarrow 6x^2 - 14x + 49 = -14 + 7x \quad | +14 - 7x$
$\Leftrightarrow 6x^2 - 21x + 63 = 0$

Es liegt eine quadratische Gleichung vor.

2. Bringe die Gleichung
$3x \cdot (x - 6) + 5 = (x - 4)^2$
in die Normalform und bestimme p und q.

$3x \cdot (x - 6) + 5 = (x - 4)^2$
$\Leftrightarrow 3x^2 - 18x + 5 = x^2 - 8x + 16 \quad | -x^2 + 8x - 16$
$\Leftrightarrow 2x^2 - 10x - 11 = 0 \quad | :2$
$\Leftrightarrow x^2 - 5x - 5{,}5 = 0$

$p = -5; \quad q = -5{,}5$

3. Löse zeichnerisch nach Verfahren A die Gleichung $x^2 - 2x - 8 = 0$.

(2) $y = x^2 - 2x + 1 - 1 - 8$
$y = (x - 1)^2 - 9$
(3) Zeichnung:
(4) $x_1 = -2$
$x_2 = 4$
(5) Probe:
$(-2)^2 - 2 \cdot (-2) - 8 = 0$
$0 = 0$
$4^2 - 2 \cdot 4 - 8 = 0$
$0 = 0$

4. Löse zeichnerisch nach Verfahren B die Gleichung $x^2 - x - 2 = 0$.

(2) $x^2 = x + 2$
(3) Zeichnung:
(4) $x_1 = -1$
$x_2 = 2$
(5) Probe:
$(-1)^2 - (-1) - 2 = 0$
$0 = 0$
$2^2 - 2 - 2 = 0$
$0 = 0$

Beim Verfahren B braucht man oft viel Papier.

5. Löse die Gleichung $x^2 - 7x = 0$.
$\Leftrightarrow x \cdot (x - 7) = 0$
$x_1 = 0$
$x_2 = 7$

6. Löse die Gleichung $x^2 - 36 = 0$.
$\Leftrightarrow (x + 6) \cdot (x - 6) = 0$
$x_1 = -6$
$x_2 = 6$

7. Löse die Gleichung $x^2 + 8{,}4x = 0$.
$\Leftrightarrow x \cdot (x + 8{,}4) = 0$
$x_1 = 0$
$x_2 = -8{,}4$

8. Löse die Gleichung $x^2 - 3{,}7 = 0$.
$\Leftrightarrow (x + \sqrt{3{,}7}) \cdot (x - \sqrt{3{,}7}) = 0$
$x_1 = -\sqrt{3{,}7}$
$x_1 \approx -1{,}9235$
$x_2 = \sqrt{3{,}7}$
$x_2 \approx 1{,}9235$

18 Quadratische Gleichungen 2

Rechnerische Lösung mit quadratischer Ergänzung

(1) Die Gleichung wird in die Normalform gebracht. $\mathbf{3x^2 + 18x - 21 = 0}$ $\mid :3$

$x^2 + 6x - 7 = 0$

(2) Die quadratische Ergänzung wird eingefügt. $x^2 + 6x + \mathbf{9 - 9} - 7 = 0$

(3) Die ersten drei und letzten zwei Summanden werden zusammengefasst. $(x + 3)^2 - 16 = 0$

(4) Die dritte binomische Formel wird angewandt: $(x + 3 + 4)\cdot(x + 3 - 4) = 0$

$(x + 7)\cdot(x - 1) = 0$

(5) Die Lösungen x_1 und x_2 werden notiert: $\mathbf{x_1 = -7;\quad x_2 = 1}$

Lösungsformel und Lösbarkeitsbedingung

(1) $x^2 + px + q = 0$

(2) $x^2 + px + \left(\frac{p}{2}\right)^2 - \left(\frac{p}{2}\right)^2 + q = 0$

(3) $\left(x + \frac{p}{2}\right)^2 - \left(\left(\frac{p}{2}\right)^2 - q\right) = 0$

Bedingung: $\left(\frac{p}{2}\right)^2 - q \geqq 0$ (siehe Sprechblase)

(4) $\left(x + \frac{p}{2} + \sqrt{\left(\frac{p}{2}\right)^2 - q}\right)\cdot\left(x + \frac{p}{2} - \sqrt{\left(\frac{p}{2}\right)^2 - q}\right) = 0$

(5) Die quadratische Gleichung $x^2 + px + q$ hat bei

- $\left(\frac{p}{2}\right)^2 - q > 0$ **die beiden Lösungen** $x_{1/2} = -\frac{p}{2} \pm \sqrt{\left(\frac{p}{2}\right)^2 - q}$
- $\left(\frac{p}{2}\right)^2 - q = 0$ **die Lösung** $x = -\frac{p}{2}$.

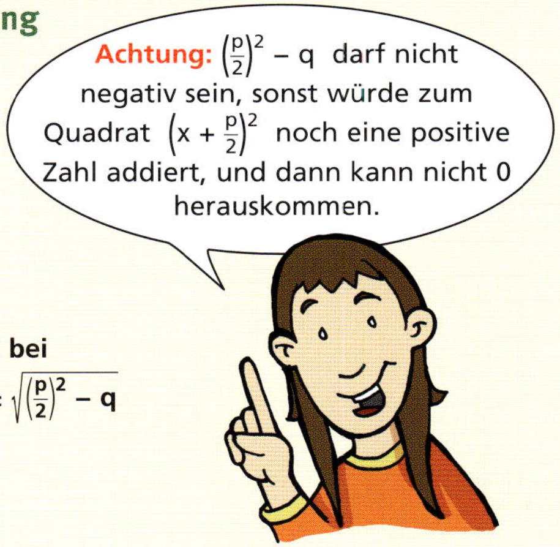

Achtung: $\left(\frac{p}{2}\right)^2 - q$ darf nicht negativ sein, sonst würde zum Quadrat $\left(x + \frac{p}{2}\right)^2$ noch eine positive Zahl addiert, und dann kann nicht 0 herauskommen.

Satz des Vieta

- x_1 und x_2 sind Lösungen der quadratischen Gleichung $x^2 + px + q = 0$, wenn $\mathbf{x_1 + x_2 = -p}$ und $\mathbf{x_1 \cdot x_2 = q}$ gilt – sonst nicht.
- $\mathbf{x_1 + x_2} = -\frac{p}{2} + \sqrt{\left(\frac{p}{2}\right)^2 - q} + \left(-\frac{p}{2} - \sqrt{\left(\frac{p}{2}\right)^2 - q}\right) = -\frac{p}{2} - \frac{p}{2} = \mathbf{-p}$
- $\mathbf{x_1 \cdot x_2} = \left(-\frac{p}{2} + \sqrt{\left(\frac{p}{2}\right)^2 - q}\right)\cdot\left(-\frac{p}{2} - \sqrt{\left(\frac{p}{2}\right)^2 - q}\right) = \left(\frac{p}{2}\right)^2 - \left(\left(\frac{p}{2}\right)^2 - q\right) = \mathbf{q}$

1. Löse mit quadratischer Ergänzung die Gleichung $x^2 - 7x - 11 = 0$.

(2) $x^2 - 7x + 12{,}25 - 12{,}25 - 11 = 0$

(3) $(x - 3{,}5)^2 - 23{,}25 = 0$

(4) $(x - 3{,}5 + \sqrt{23{,}25})\cdot(x - 3{,}5 - \sqrt{23{,}25}) = 0$

$x_1 = 3{,}5 - \sqrt{23{,}25} \approx -1{,}322$

$x_2 = 3{,}5 + \sqrt{23{,}25} \approx 8{,}322$

2. Löse mit quadratischer Ergänzung die Gleichung $2x^2 + 20x + 74 = 0$.

(1) $x^2 + 10x + 37 = 0$

(2) $x^2 + 10x + 25 - 25 + 37 = 0$

(3) $(x + 5)^2 + 12 = 0$

Die Gleichung hat keine Lösung. Ein Quadrat kann schon nicht negativ sein – addiert man dann noch 12, kann das Ergebnis nicht 0 sein.

3. Wende die Lösungsformel an. $x^2 - 3{,}5x - 15 = 0$

bei $q < 0$ ist die Lösbarkeitsbedingung immer erfüllt.

$p = -3{,}5 \qquad q = -15$

$x_{1/2} = \frac{3{,}5}{2} \pm \sqrt{\left(\frac{3{,}5}{2}\right)^2 + 15} = 1{,}75 \pm \sqrt{18{,}0625} = 1{,}75 \pm 4{,}25$

$x_1 = 6 \quad (1{,}75 + 4{,}25)$

$x_2 = -2{,}5 \quad (1{,}75 - 4{,}25)$

4. Wende die Lösungsformel an. $18x^2 + 45x + 22 = 0$ $\mid :18$

$x^2 + \frac{45}{18}x + \frac{22}{18} = 0$

$x^2 + \frac{5}{2}x + \frac{11}{9} = 0$

Lösbarkeitsbedingung: $\left(\frac{5}{4}\right)^2 - \frac{11}{9} = \frac{25}{16} - \frac{11}{9} > 0!$

kleiner als $1\frac{1}{2}$ · größer als $1\frac{1}{2}$

$p = \frac{5}{2}, \quad q = \frac{11}{9}$

$x_{1/2} = -\frac{5}{4} \pm \sqrt{\frac{25}{16} - \frac{11}{9}} = -\frac{5}{4} \pm \sqrt{\frac{49}{144}} = -\frac{5}{4} \pm \frac{7}{12}$

$x_1 = -\frac{15}{12} + \frac{7}{12} = -\frac{8}{12} = -\frac{2}{3}$

$x_2 = -\frac{15}{12} - \frac{7}{12} = -\frac{22}{12} = -\frac{11}{6}$

5. Sebastian hat bei der quadratischen Gleichung $x^2 - 12x + 7$ die Lösungen $x_1 = 3$ und $x_2 = 9$ erhalten. Prüfe die Richtigkeit.

$x_1 + x_2 = 3 + 9 = 12$ o.k.

$x_1 \cdot x_2 = 3 \cdot 9 = 27$ $\neq 7$

Die Lösungen sind falsch.

6. Stelle eine quadratische Gleichung auf, die die Lösungen $x_1 = -6$ und $x_2 = 1{,}5$ hat.

$q = x_1 \cdot x_2 \qquad -p = x_1 + x_2$

$q = -6 \cdot 1{,}5 \qquad -p = -6 + 1{,}5$

$q = -9 \qquad -p = -4{,}5$

$p = 4{,}5$

Die Gleichung lautet: $x_2 + 4{,}5x - 9 = 0$

19 Proportionale Zuordnung

Proportionalität

- Eine Zuordnung heißt **proportional**, wenn zum Vielfachen (Teil) einer Ausgangsgröße das entsprechende Vielfache (der entsprechende Teil) der zugeordneten Größe gehört.

Ausgangsgröße	zugeordnete Größe
24	60
72 (·3)	180 (·3)
4 (:6)	10 (:6)

- Der Graph einer proportionalen Zuordnung ist ein Strahl mit dem Anfangspunkt (0|0).

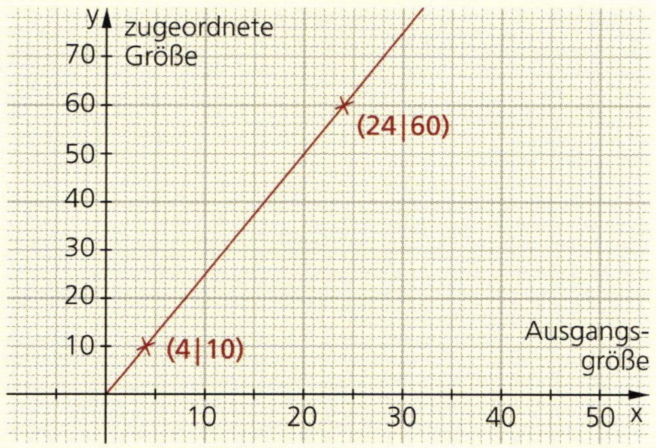

Grafische Lösung

- Gegeben ist ein bestimmtes Paar (Ausgangsgröße/zugeordnete Größe) und …

… eine weitere Ausgangsgröße, gesucht ist die zugeordnete Größe.	… eine weitere zugeordnete Größe, gesucht ist die passende Ausgangsgröße.

(1) Man zeichnet den 1. Quadranten eines Koordinatensystems und wählt geeignete Einteilungen auf der x-Achse für die Ausgangsgröße und auf der y-Achse für die zugeordnete Größe.

(2) Man markiert den Punkt, der zum gegebenen Größenpaar gehört, und zeichnet einen Strahl vom Nullpunkt aus durch den markierten Punkt.

(3) Man sucht die weitere Ausgangsgröße auf der x-Achse, geht von dort senkrecht zur x-Achse bis zum Strahl und von dort parallel zur x-Achse bis zur y-Achse. Auf ihr liest man die zugeordnete Größe ab.	(3) Man sucht die weitere zugeordnete Größe auf der y-Achse, geht von dort parallel zur x-Achse bis zum Strahl und von dort senkrecht zur x-Achse. Auf ihr liest man die passende Ausgangsgröße ab.

Quotientengleichheit und Proportionalitätsfaktor

- Dividiert man bei einer proportionalen Zuordnung jeweils die zugeordnete Größe durch die Ausgangsgröße, so ist der Quotient immer gleich:
  Die Größenpaare sind quotientengleich.
- Dieser gemeinsame Quotient heißt **Proportionalitätsfaktor**.
  Es gilt: Ausgangsgröße $\underset{:\text{Proportionalitätsfaktor}}{\overset{\cdot\text{Proportionalitätsfaktor}}{\rightleftarrows}}$ zugeordnete Größe

1. **100 g einer bestimmten Ware kosten 4 €. Ergänze die Wertetabelle, trage die Punkte ins Koordinatensystem ein und zeichne den Graph der Zuordnung.**

	Ausgangsgröße g	zugeordnete Größe €
a	100	4
b	300	12
c	600	24
d	50	2
e	250	10
f	400	16

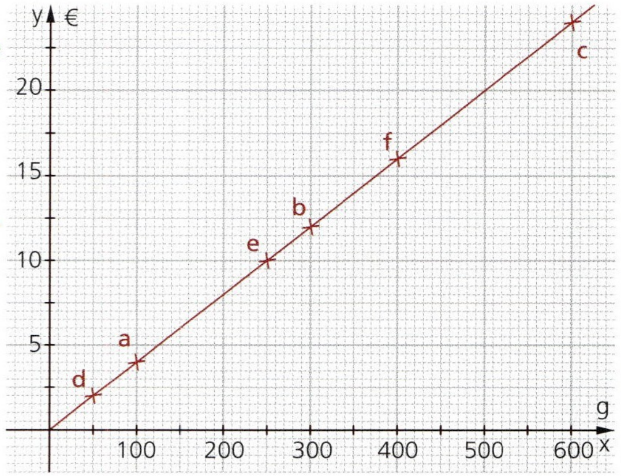

2. **Auf 250 km Fahrt hat ein Pkw einen Verbrauch von ca. 19 ℓ. Welchen Verbrauch hat er etwa bei 400 km Fahrt?**

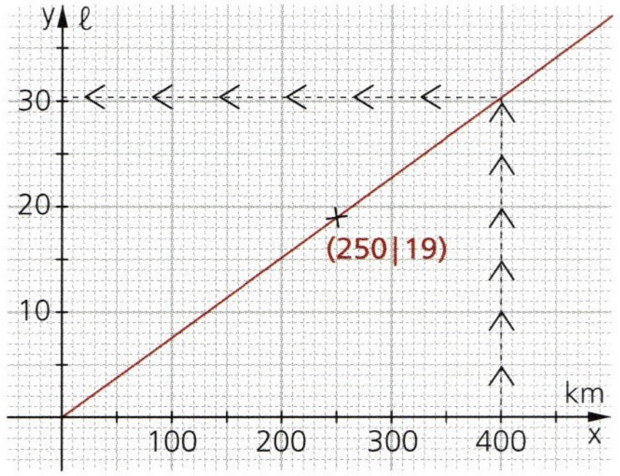

Der Pkw verbraucht bei 400 km etwas mehr als 30 ℓ.

3. **Ein Automat füllt in 12 Minuten 380 Flaschen ab. Wie lange dauert die Abfüllung von 700 Flaschen?**

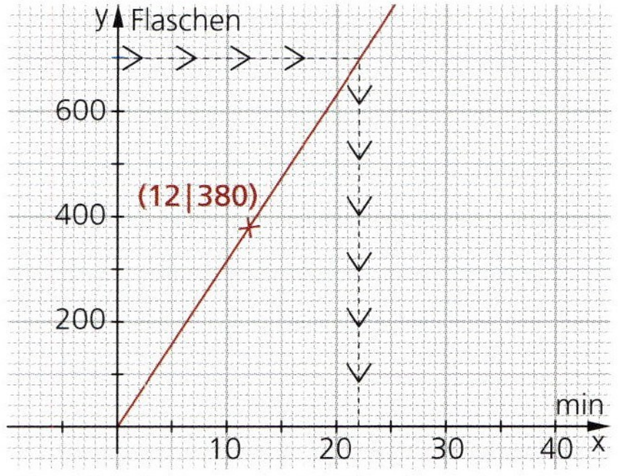

Die Abfüllung von 700 Flaschen dauert ungefähr 22 Minuten.

4. **Von den folgenden 4 Größenpaaren gehören drei derselben proportionalen Zuordnung an. Welches gehört nicht dazu?**
(5 €|8 kg), (7 €|11,2 kg), (2 €|3,3 kg), (4,5 €|7,2 kg)

$\frac{8\,\text{kg}}{5\,€} = 1{,}6\,\frac{\text{kg}}{€}$; $\frac{11{,}2\,\text{kg}}{7\,€} = 1{,}6\,\frac{\text{kg}}{€}$; $\frac{3{,}3\,\text{kg}}{2\,€} = 1{,}65\,\frac{\text{kg}}{€}$ nicht; $\frac{7{,}2\,\text{kg}}{4{,}5\,€} = 1{,}6\,\frac{\text{kg}}{€}$

5. **Der Proportionalitätsfaktor ist $120\,\frac{\text{km}}{\text{h}}$.**

a) Welche Größe ist 4 h zugeordnet? $4\,\text{h} \cdot 120\,\frac{\text{km}}{\text{h}} = 480\,\text{km}$

b) Welcher Größe sind 540 km zugeordnet? $540\,\text{km} : 120\,\frac{\text{km}}{\text{h}} = 4{,}5\,\text{h}$ $\left(4\frac{1}{2}\,\text{h}\right)$

20 Antiproportionale Zuordnung und Dreisatz

Antiproportionalität

- Eine Zuordnung heißt **antiproportional**, wenn zum Vielfachen (Teil) einer Ausgangsgröße der entsprechende Teil (das entsprechende Vielfache) der zugeordneten Größe gehört.

	Ausgangsgröße	zugeordnete Größe	
·3	24	60	:3
:6	72	20	·6
	4	360	

- Statt antiproportional sagt man auch **umgekehrt proportional**.
- Der Graph einer antiproportionalen Zuordnung ist eine **Hyperbel**.

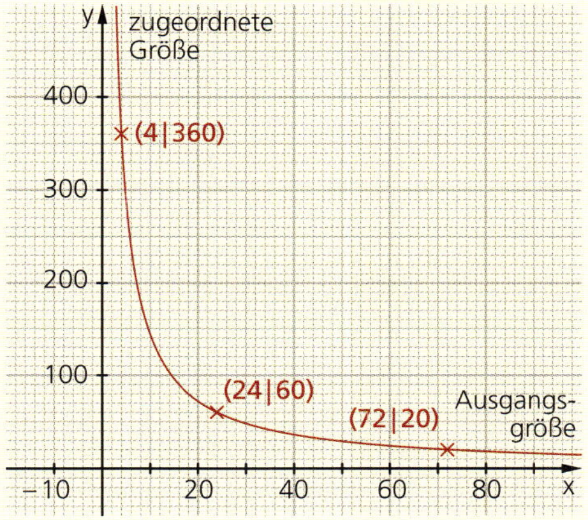

1. 12 Automaten schaffen eine bestimmte Produktion in 90 Minuten.
Ergänze die Wertetabelle, trage die Punkte ins Koordinatensystem ein und zeichne den Graphen der Zuordnung.

	Ausgangsgröße Anzahl	zugeordnete Größe Minuten
a	12	90
b	4	270
c	24	45
d	6	180
e	36	30
f	54	20
g	18	60

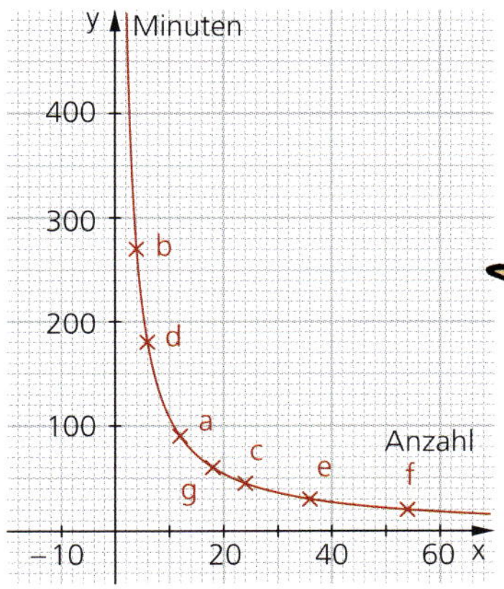

Produktgleichheit bei Antiproportionalität

- Multipliziert man bei einer antiproportionalen Zuordnung jeweils die Ausgangsgröße und die zugeordnete Größe, so ist das Produkt immer gleich.
- **Die Größenpaare sind produktgleich.**

2. Von den folgenden vier Größenpaaren gehören drei derselben antiproportionalen Zuordnung an. Welches Größenpaar gehört nicht dazu?
(8 Maschinen | 1,5 Stunden) (15 Maschinen | 0,7 Stunden);
(20 Maschinen | 0,6 Stunden) (3 Maschinen | 4 Stunden)
8 M · 1,5 h = 12 Maschinenstunden (Mh) 15 M · 0,7 h = 10,5 Mh nicht
20 M · 0,6 h = 12 Mh 3 M · 4 h = 12 Mh

Dreisatz

- Beim Dreisatz notiert man zunächst das gegebene Größenpaar (1). Dann schließt man bei der weiterhin gegebenen Größe auf die Einheit (2) und schließlich auf das gegebene Vielfache dieser Größe (3).
- **Proportionalität**
geg: Größenpaar (a|b) und von der Ausgangsgröße c.

	Ausgangsgröße	zugeordnete Größe		
:a	a	b	:a	„Satz" 1
·c	1	$\frac{b}{a}$	·c	„Satz" 2
	c	$\frac{b \cdot c}{a}$		„Satz" 3

- **Antiproportionalität**
geg: Größenpaar (a|b) und von der zugeordneten Größe c.

	Ausgangsgröße	zugeordnete Größe	
:a	a	b	·a
·c	1	a · b	:c
	c	$\frac{a \cdot b}{c}$	

3. 750 m^2 Bauland kosten 93 000 €.
Wie viel Quadratmeter gleichwertiges Bauland erhält man für 65 100 €?

m^2	€	
750	93 000	:93 000
$\frac{750}{93\,000}$	1	·65 100
$\frac{750 \cdot 65\,100}{93\,000}$	65 100	

$\frac{750 \cdot 65\,100}{93\,000} = \frac{75 \cdot 651}{93} = 525$
Für 65 100 € erhält man 525 m^2 Bauland.

4. Eine Pumpe mit einer Leistung von 12 $\frac{\ell}{min}$ (Liter pro Minute) leert ein Aquarium in 54 Minuten. Wie lange braucht eine Pumpe mit einer Leistung von 9 $\frac{\ell}{min}$ für das Leeren des Aquariums?

	$\frac{\ell}{min}$	min	
:12	12	54	·12
·9	1	54 · 12	:9
	9	$\frac{54 \cdot 12}{9}$	

$\frac{54 \cdot 12}{9} = \frac{54 \cdot 4}{3} = \frac{18 \cdot 4}{1} = 72$
Die Pumpe mit einer Leistung von 9 $\frac{\ell}{min}$ braucht 72 Minuten.

21 Prozentrechnung 1

Grundbegriffe und Grundgleichung der Prozentrechnung

- **Prozentsätze** sind spezielle Brüche mit dem Nenner 100. Sie können auch dezimal geschrieben werden.
  $1\,\% = \frac{1}{100} = 0{,}01$ $57\,\% = \frac{57}{100} = 0{,}57$ $125\,\% = \frac{125}{100} = 1{,}25$ allgemein $\mathbf{p\,\% = \frac{p}{100}}$
- Ein **Prozentsatz p %** ordnet einer Gesamtheit, dem **Grundwert G**, den zugehörigen prozentualen Anteil, den sogenannten **Prozentwert W**, zu.
  Für $p\,\% < 1$ gilt $W < G$, für $p\,\% > 1$ gilt $W > G$.
- allgemein gilt: $\mathbf{p : 100 = W : G}$ oder $\frac{p}{100} = \frac{W}{G}$ (bzw. $\mathbf{p\,\% = \frac{W}{G}}$)

Berechnung von Prozentwert, Prozentsatz und Grundwert

- **A** geg.: G und p % ges.: W **B** geg.: G und W ges.: p % **C** geg.: W und p % ges.: G
- Die **Grundgleichung der Prozentrechnung** wird nach der gesuchten Größe aufgelöst.

$$\mathbf{p\,\% = \frac{W}{G}}$$

$W = G \cdot p\,\%$		$G = W : p\,\%$
oder $W = \frac{G \cdot p}{100}$	oder $p = \frac{100W}{G}$	oder $G = \frac{100W}{p}$

Lösungsverfahren für Sachaufgaben

(1) Es wird festgestellt und aufgeschrieben, welche beiden Größen gegeben sind und welche Größe gesucht ist.
(2) Die Grundgleichung der Prozentrechnung wird nach der gesuchten Größe aufgelöst.
(3) Die gegebenen Größen werden in die aufgelöste Gleichung eingesetzt, die gesuchte Größe wird berechnet.
(4) Es wird ein Antwortsatz notiert. Dabei kann es sinnvoll oder sogar notwendig sein, das Rechenergebnis (3) angemessen zu runden.

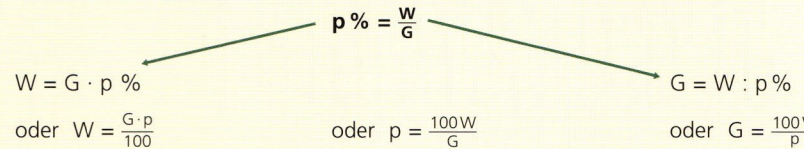

Bei Sachaufgaben muss der Text sehr sorgfältig gelesen werden. Oft ist es auch sinnvoll, sich eine Skizze vom Sachverhalt anzufertigen.

1. Notiere Grundwert G, Prozentsatz p % und Prozentwert W der Aufgabe.
a) In einem Metallbetrieb arbeiten 260 Frauen. Das sind 40 % der gesamten Belegschaft aus 650 Mitarbeiterinnen und Mitarbeitern.
$G = 650$, $p\,\% = 40\,\%$, $W = 260$
b) Bei einer Verkehrskontrolle wiesen 6 % von 1350 Fahrzeugen Mängel auf. Das waren insgesamt 81 Fahrzeuge.
$G = 1350$, $p\,\% = 6\,\%$, $W = 81$

2. geg.: $G = 480\,€$; $W = 55\,€$ ges.: p%
$p\,\% = \frac{W}{G}$
$p\,\% = \frac{55}{480} = 0{,}114583 \approx 11{,}46\,\%$

3. geg.: $W = 16{,}8\,kg$; $p\,\% = 16\,\%$ ges.: G
$G = \frac{W}{p\,\%}$
$G = \frac{16{,}8}{0{,}16}\,kg = 105\,kg$

4. geg.: $G = 18\,m$; $p\,\% = 23\,\%$ ges.: W
$W = G \cdot p\,\%$
$W = 18\,m \cdot 0{,}23 = 4{,}14\,m$

5. Ein Autounternehmen hat die Preise um 5 % erhöht. Das Modell „Kuala GT“ kostete bisher 18 360 €. Um wie viele Euro wird es teurer?
(1) $G = 18\,360\,€$; $p\,\% = 5\,\%$; ges.: W
(2) $W = G \cdot p\,\%$
(3) $W = 18\,360\,€ \cdot 0{,}05 = 918\,€$
(4) Das Modell „Kuala GT“ wird um 918 € teurer.
(Eventueller Zusatz: Es kostet nach der Erhöhung 19 278 €.)

6. Bei einer Grippewelle waren in der Gauß-Schule bis zu 18 % der Schülerinnen und Schüler erkrankt. Das waren 78 grippekranke Jugendliche. Wie viele Schülerinnen und Schüler hat die Gauß-Schule?
(1) $W = 78$; $p\,\% = 18\,\%$; ges.: G
(2) $G = \frac{W}{p\,\%}$
(3) $G = 78 : 0{,}18 = 433{,}\overline{3}$
(4) Die Gauß-Schule hat 433 Schülerinnen und Schüler.
(Hier musste gerundet werden.)

22 Prozentrechnung 2

Diagramme zur Darstellung prozentualer Verteilungen

Ein Sportverein hat die Abteilungen
Fußball (259 Mitglieder)
Handball (85 Mitglieder)
Tennis (312 Mitglieder)
Volleyball (44 Mitglieder)
Ermittle die prozentuale Verteilung der Mitglieder und stelle sie in einem Diagramm dar.

Grundwert 700
F: 37 %
H: 12 %
T: 45 %
V: 6 %
100 %
Die Prozentsätze sind ganzzahlig gerundet.

▶ **Balkendiagramm**
(z. B. 0,6 mm für 1 %)

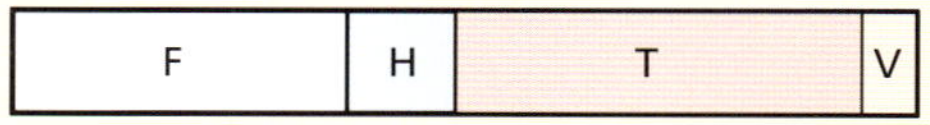

▶ **Säulendiagramm**
(z. B. 1 mm für 1 %)

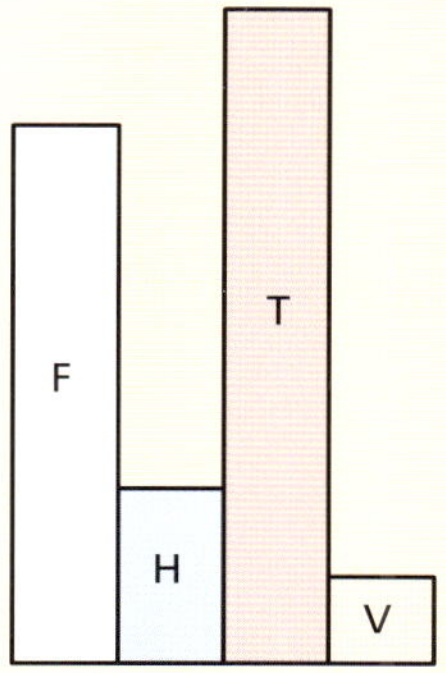

▶ **Kreisdiagramm**
(3,6°-Sektor für 1 %)
F: 133°
H: 43°
T: 162°
V: 22°
360°

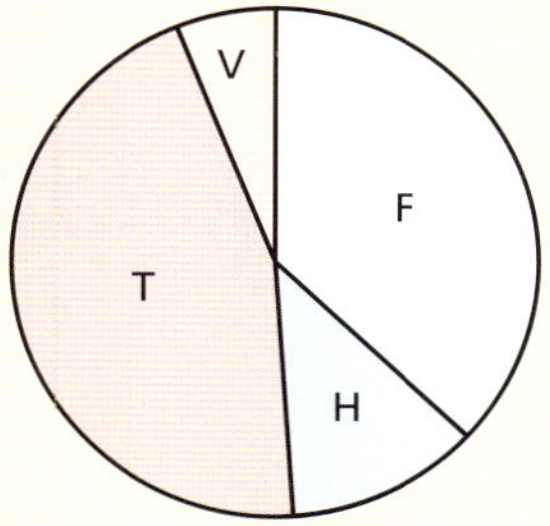

Prozentfaktor – vermehrter und verminderter Grundwert

▶ Bei vielen Aufgaben geht es um einen prozentualen Zuschlag oder Abschlag und es ist der veränderte Gesamtwert als Endwert gesucht.

Endwert nach

prozentualem Zuschlag	**prozentualem Abschlag**
E = G + p % von G	E = G – p % von G
E = G + G · p %	E = G – G · p %
E = G · (1 + p %)	E = G · (1 – p %)

▶ **(1 + p %)** und **(1 – p %)** sind **Prozentfaktoren** (Zu- bzw. Abschlagsfaktoren), der Endwert E heißt auch **vermehrter** (bzw. **verminderter**) Grundwert.

1. Die Miete der Familie Bergener beträgt derzeit 568,50 €. Sie wird zum kommenden 1. Januar um 4,5 % erhöht. Wie hoch ist dann die Miete?
1 + p % = 1 + 0,045 = 1,045
E = 568,5 · 1,045 = 594,0825
Die neue Miete ab 1. Januar beträgt 594,08 €.

2. Sabine Woschnik, die vor einem halben Jahr noch 78 kg gewogen hat, hat inzwischen 20 % abgenommen. Wie viel kg wiegt Frau Woschnik heute?
1 – p % = 1 – 0,2 = 0,8
E = 78 · 0,8 = 62,4
Sabine Woschnik wiegt heute nur noch etwa 62,5 kg. (Waagen zeigen meist nur ganze oder halbe Kilogramm an.)

Brutto – Netto – Rabatt – Skonto

3. Herr Koslowski verdient 2768 € brutto. Für Steuern und Sozialversicherungen muss er 43 % des Gehaltes bezahlen. Wie hoch ist sein Nettogehalt?
1 – 43 % = 0,57; 2768 · 0,57 ≈ 1578
Es bleibt Herrn Koslowski ein Nettogehalt von 1578 €.

4. Eine Warenlieferung wiegt brutto 28,6 kg. Die Verpackung hat einen Anteil von 19 %. Wie viel kg wiegt die Warenlieferung netto?
1 – 19 % = 0,81; 28,6 · 0,81 ≈ 23,17
Die Ware wiegt netto 23,17 kg.

5. Der neue Pkw von Sabine Schmidt soll 24 560 € kosten. Frau Schmidt handelt 9 % Rabatt aus. Welchen Betrag muss sie für ihr neues Auto bezahlen?
1 – 9 % = 0,91; 24 560 · 0,91 ≈ 22 350
Sabine Schmidt muss 22 350 € bezahlen.

6. Für neue Schulbücher ist eine Rechnung über 3147 € zu bezahlen. Bei Bezahlung innerhalb von 14 Tagen gibt es 2 % Skonto.
1 – 2 % = 0,98; 3147 · 0,98 = 3084,06
Bei Barzahlung innerhalb von 14 Tagen sind 3084,06 € zu zahlen.

Promille, ppm (parts per million), ppb (parts per billion)

▶ 1 Promille (im Zeichen 1 ‰) = $\frac{1}{1000}$

▶ 1 ppm = $\frac{1}{1\,000\,000}$

▶ 1 ppb = $\frac{1}{1\,000\,000\,000}$

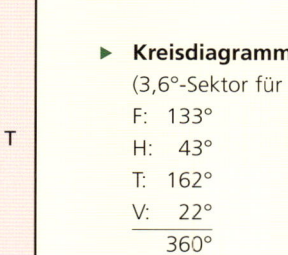

Die englischsprachigen Länder benutzen **billion** für unser Wort **Milliarde**.

7. Frau Müller versichert ihr Einfamilienhaus im Wert von 480 000 €. Die jährliche Prämie beträgt 1,2 % der Versicherungssumme.
W = 480 000 · $\frac{1,2}{1000}$ = 480 · 1,2 = 576; die Jahresprämie beträgt 576 €.

8. In 2 kg Lachs wurden 0,12 mg des Umweltgiftes PCB gefunden. Berechne die Konzentration des Giftes in ppm und ppb.
x = $\frac{0,12\,mg}{2\,kg}$ = $\frac{0,12\,mg}{2\,000\,000\,mg}$ = 0,000 000 06; es wurden 0,06 ppm (= 60 ppb) PCB gefunden.

23 Zinsrechnung

Kapital, Zinssatz, Zinsen

Zinsrechnung ist eine Anwendung der Prozentrechnung.

- Wer im Geschäftsleben für einen bestimmten Zeitraum Geld zur Verfügung gestellt bekommt, muss dafür **Zinsen Z** bezahlen.
- Die Höhe der Zinsen hängt vom überlassenen **Kapital K**, vom vereinbarten **Zinssatz p %** und vom Verfügungszeitraum ab.
- Wenn zu einem Zinssatz von p % keine weiteren Angaben vorliegen, handelt es sich um einen **Jahreszins**. Man schreibt auch: **p % p.a.** (pro anno), auf deutsch: **p % pro Jahr**
- $W = G \cdot p\,\%$ → $\mathbf{Z = K \cdot p\,\%}$. Das **Kapital K** ist der Grundwert G, die **Zinsen Z** sind der Prozentwert W.

Berechnung von Zinsen, Zinssatz und Kapital bei Jahreszinsen

- Die Formel für Jahreszinsen wird jeweils nach der gesuchten Größe aufgelöst.

Z = K · p %

gesucht: Z	gesucht: p %	gesucht: K
$\mathbf{Z = K \cdot p\,\%}$	$\mathbf{p\,\% = \frac{Z}{K}}$	$\mathbf{K = \frac{Z}{p\,\%}}$

1. Sabine hat 750 € gespart und erhält 2,5% p.a. Zinsen. Berechne die Zinsen nach einem Jahr.
$Z = K \cdot p\,\% \Rightarrow Z = 750 \cdot 0{,}025 = 18{,}75$ Sabine erhält 18,75 € Zinsen.

2. Bei welchem Zinssatz bekommt man für ein Kapital von 2460 € im Jahr 110,70 € Zinsen?
$p\,\% = \frac{Z}{K} \Rightarrow p\,\% = \frac{110{,}7}{2460} = 0{,}045$ Bei einem Zinssatz von 4,5 % p.a.

3. Für welches Kapital bekommt man bei einem Zinssatz von 2,8 % in einem Jahr 11 760 € Zinsen?
$K = \frac{Z}{p\,\%} \Rightarrow K = \frac{11\,760}{0{,}028} = 420\,000$ Das erforderliche Kapital beträgt 420 000 €.

Zinsen für den Bruchteil eines Jahres

- Ist der Verfügungszeitraum eines Kapitals nur der Bruchteil eines Jahres, so ist auch nur der entsprechende Bruchteil der Jahreszinsen als Zinsen zu zahlen.
- Dabei gilt:
  1 Zinsjahr = 12 Zinsmonate
  1 Zinsmonat = 30 Zinstage
  1 Zinsjahr = 360 Zinstage

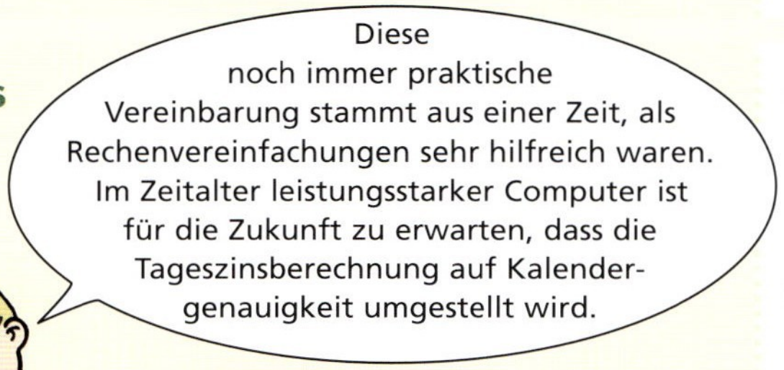

Diese noch immer praktische Vereinbarung stammt aus einer Zeit, als Rechenvereinfachungen sehr hilfreich waren. Im Zeitalter leistungsstarker Computer ist für die Zukunft zu erwarten, dass die Tageszinsberechnung auf Kalendergenauigkeit umgestellt wird.

4. Peter Krause leiht sich 120 000 € für ein Dreivierteljahr zu 5 % p.a. Wie viel € Zinsen muss er bezahlen?
(1) $Z = K \cdot p\,\% \Rightarrow Z = 120\,000 \cdot 0{,}05 = 6000$
(2) $\frac{3}{4}$ von $6000 = 6000 \cdot \frac{3}{4} = 4500$ P. Krause muss 4500 € Zinsen bezahlen.

5. Katja Risch spart bei der Bank 8400 € zu einem Zinssatz von 3 %. Nach 7 Monaten hebt sie das Geld ab. Wie viel € Zinsen erhält sie?
(1) $Z = K \cdot p\,\% \Rightarrow Z = 8400 \cdot 0{,}03 = 252$
(2) 7 Monate = $\frac{7}{12}$ Jahre $\frac{7}{12}$ von $252 = 147$ Katja Risch bekommt 147 € Zinsen.

Tageszinsformel, Monatszinsformel, Berechnung von Zinstagen

- **Berechnung von Zinstagen**
  (1) Man berechnet die Tage vom Zinsbeginn bis zum Ende des ersten Monats (Achtung: Jeder Monat wird mit 30 Tagen angesetzt, auch Februar oder Juli).
  (2) Die Anzahl der vollen Zinsmonate wird mit 30 multipliziert.
  (3) Man zählt die Tage bis zum Verzinsungsende im letzten Monat.
  (4) Man addiert die Zahlen aus (1), (2) und (3).
- **Zinsen für t Tage:** $\mathbf{Z = \frac{K \cdot p\,\% \cdot t}{360}}$ $\left(= \frac{K \cdot p \cdot t}{100 \cdot 360}\right)$
- **Zinsen für m Monate:** $\mathbf{Z = \frac{K \cdot p\,\% \cdot m}{12}}$ $\left(= \frac{K \cdot p \cdot m}{100 \cdot 12}\right)$

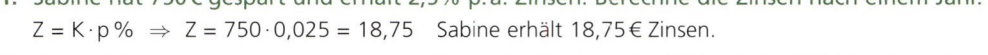

6. Ein Kapital von 3480 € wird 137 Tage lang zu 4,2 % p.a. verzinst. Berechne die Zinsen.
$Z = \frac{K \cdot p\,\% \cdot t}{360} \Rightarrow Z = \frac{3480 \cdot 0{,}042 \cdot 137}{360} = 55{,}622$ Die Zinsen betragen 55,62 €.

7. Berechne die Zinstage vom 24.3 bis zum 7.9. desselben Jahres.
(1) $30 - 24 = 6$
(2) $5 \cdot 30 = 150$
(3) im September 7
(4) insgesamt 163
Es sind 163 Zinstage.

8. Nach wie vielen Monaten bringt ein Kapital von 24 000 € bei 3,4 % p.a. 680 € Zinsen?
$Z = \frac{K \cdot p\,\% \cdot m}{12}$ $| \cdot 12 : K : p\,\%$
$\frac{12Z}{K \cdot p\,\%} = m \Rightarrow m = \frac{12 \cdot 680}{24\,000 \cdot 0{,}034} = 10$ Die Zinsdauer beträgt 10 Monate.

24 Zinseszinsrechnung

Zinsfaktor

- Der prozentuale Zuschlagsfaktor (→ Seite 22) kommt auch in der Zinsrechnung zur Anwendung.
  Er heißt dort **Zinsfaktor** und wird benutzt, wenn man das Kapital K_1 nach dem Hinzurechnen der Zinsen Z auf das vorangegangene Kapital K bestimmen will (Zinssatz p % p. a.).

$K_1 = K + Z \Rightarrow K_1 = K + K \cdot p\,\%$
$\Rightarrow K_1 = K \cdot (1 + p\,\%)$
$\Rightarrow \mathbf{K_1 = K \cdot q}$ mit $\mathbf{q = 1 + p\,\%}$.

1. Herr Schneider hat 4576 € gespart. Er erhält 2,5 % Zinsen. Berechne sein neues Kapital.
   $K_1 = 4576 \cdot 1{,}025 = 4690{,}4$
   Sein neues Kapital beträgt 4690,40 €.
2. Nach Erhalt von 4 % Zinsen hat Frau Steffel jetzt ein Kapital von 468 €.
   $468 = K \cdot 1{,}04 \quad | : 1{,}04$
   $K = 450$
   Das ursprüngliche Kapital betrug 450 €.

3. Durch Zinszahlung ist ein Kapital von 13 500 € auf 13 960 € angewachsen. Berechne den Zinssatz.
   $13960 = 13500 \cdot q \quad | : 13500$
   $q = 1{,}03407\ldots$
   Der Zinssatz beträgt ungefähr 3,4 %.

Zinseszinsformel

- Wird ein Kapital K n Jahre lang mit p % verzinst, so berechnet sich das Kapital K_n nach n Jahren so:

$\mathbf{K_n = K \cdot q^n}$ (mit $q = 1 + p\,\%$)

Auflösung nach K	Auflösung nach q	(Auflösung nach n)
$K = \frac{K_n}{q^n}$	$q = \sqrt[n]{\frac{K_n}{K}}$	$n = \frac{\lg K_n - \lg K}{\lg q}$ (→ Seite 29)

4. Auf welches Kapital wachsen 4130 € in acht Jahren bei 3,6 % p. a. Zinsen an?
   $K_8 = 4130 \cdot 1{,}036^8$ $K_8 = 5480{,}5998\ldots$
   Das Endkapital beträgt 5480,60 €.
5. Welcher Betrag muss heute bei 4,5 % Zinsen p. a. angelegt werden, damit in 12 Jahren 20 000 € verfügbar sind?
   $K = \frac{20\,000}{1{,}045^{12}} = 11\,793{,}2773\ldots$
   Es muss heute ein Betrag von ca. 11 793 € angelegt werden.

6. Bei welchem Zinssatz wachsen 5000 € in 15 Jahren auf 12 000 € an?
   $q = \sqrt[15]{\frac{12\,000}{5000}}$; $q = 1{,}06010\ldots$
   $p\,\% \approx 6\,\%$
   Der Zinssatz ist ungefähr 6 %.

Verdoppelungsregel

- Ein Kapital, das mit p % p. a. verzinst wird, verdoppelt sich in d Jahren.
  Für d gilt angenähert: $\mathbf{p \cdot d = 70}$
- Diese Näherungsregel ist sehr genau für kleine Zinssätze (z. B. 1 %; 1,5 %; 2 %) und brauchbar für Zinssätze bis ca. 15 %.

7. In welcher Zeit verdoppelt sich ein Kapital von 2 500 € bei 1,4 % p. a. Zinsen?
   a) Berechne mit der Verdoppelungsregel.
   $1{,}4 \cdot d = 70 \quad | : 1{,}4$
   $d = 50$
   b) Überprüfe mit der Zinseszinsformel.
   $K_{50} = 2500 \cdot 1{,}014^{50} \approx 5010$
   ($K_{49} = 2500 \cdot 1{,}014^{49} \approx 4941$)

Jahreszinsfaktor – Monatszinsfaktor

- Oft ist der Zeitraum der Verzinsung kürzer als ein Jahr; z. B. ein Monat bei Krediten, Hypotheken usw.
- Zwischen dem Jahreszinsfaktor q_j und dem **gleichwertigen** Monatszinsfaktor q_m besteht folgende Beziehung: $\mathbf{q_j = (q_m)^{12}}$ bzw. $\mathbf{q_m = \sqrt[12]{q_j}}$

8. Bei einem Kredit, der mit 10,5 % p. a. verzinst wird, soll auf gleichwertige Verzinsung p. m. umgestellt werden. Welcher Monatszinssatz ist angemessen?
   10,5 % p. a $\Rightarrow q_j = 1{,}105$
   $q_m = \sqrt[12]{1{,}105} = 1{,}008\,355\,15\ldots \Rightarrow 0{,}8355\,\%$ p. m.

25 Rentenrechnung

Regelmäßige Einzahlung einer Rate R

▶ Wird in gleichbleibenden Zeitspannen (z. B. 1 Jahr oder 1 Monat) regelmäßig eine Rate R eingezahlt und mit p % pro Zeitspanne verzinst, so beträgt das Kapital nach n Zeitspannen

- bei Einzahlung jeweils zu **Beginn** der Zeitspanne

  $$K_n = \frac{R \cdot q \cdot (q^n - 1)}{q^n - 1}$$

  vorschüssige Einzahlung

- bei Einzahlung jeweils am **Ende** der Zeitspanne

  $$K_n = \frac{R \cdot (q^n - 1)}{q - 1}$$

  nachschüssige Einzahlung

Zur Erinnerung:
$q = 1 + p\,\%$

Regelmäßige Zuzahlung (Abhebung) einer Rate R zu (von) einem vorhandenen Kapital K

▶ Ist ein Kapital K vorhanden und wird es regelmäßig in gleichbleibenden Zeitspannen durch Zuzahlung einer Rate R vermehrt (durch Abhebung einer Rate R vermindert), so beträgt bei p % Zinsen pro Zeitspanne das Kapital nach n Zeitspannen

- bei Einzahlung (Abhebung) jeweils zum **Beginn** der Zeitspanne

  $$K_n = K \cdot q^n \pm \frac{R \cdot q \cdot (q^n - 1)}{q - 1}$$

  vorschüssige Einzahlung (Abhebung)

- bei Einzahlung (Abhebung) jeweils am **Ende** der Zeitspanne

  $$K_n = K \cdot q^n \pm \frac{R \cdot (q^n - 1)}{q - 1}$$

  nachschüssige Einzahlung (Abhebung)

Die Zinseszinsformel und die Formel für die regelmäßige Einzahlung der Rate R sind zu kombinieren.

Tilgung eines Darlehens D durch regelmäßige Ratenzahlung R

▶ Soll ein Darlehen D in n gleichbleibenden Zeitspannen bei p % Zinsen pro Zeitspanne durch regelmäßige Ratenzahlung R jeweils am Ende der einzelnen Zeitspannen getilgt werden, so beträgt die Tilgungsrate R

$$R = \frac{D \cdot q^n \cdot (q - 1)}{q^n - 1}$$

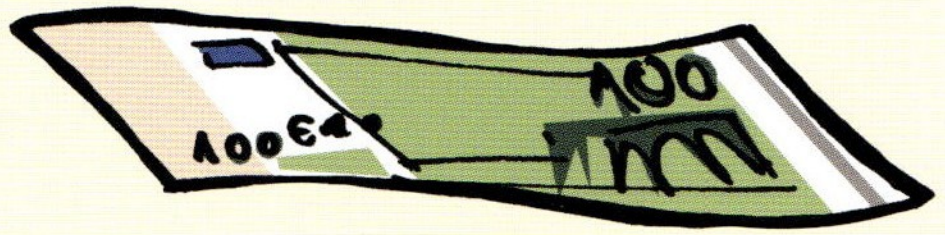

1. Sabine stellt das Rauchen ein, spart täglich 5 € und zahlt am Jahresende 1825 € auf ein Konto ein, das mit 4 % p. a. verzinst wird. Welchen Betrag hat sie nach 30 Jahren gespart?

nachschüssig: $R = 1825$; $q = 1{,}04$; $n = 30$

$$K_{30} = \frac{1825 \cdot (1{,}04^{30} - 1)}{0{,}04} = 102\,355{,}0114\ldots$$

Sabine hat 102 355 € gespart.

2. Michaels Oma zahlt am Tag seiner Geburt 800 € auf ein Konto (p % = 5,5 %) ein, sowie an jedem Geburtstag von Michael bis zum 17. weitere 800 €.
Über wie viel Geld kann Michael am 18. Geburtstag verfügen?

vorschüssig: $R = 800$; $q = 1{,}055$; $n = 18$

$$K_{18} = \frac{800 \cdot 1{,}055 \cdot (1{,}055^{18} - 1)}{0{,}055} = 24\,882{,}1368\ldots$$

Michael kann über 24 882,14 € verfügen.

3. Frau Krause erhielt an ihrem 50. Geburtstag eine Lebensversicherung in Höhe von 84 200 €. Diese Summe legte sie bis zu ihrem 65. Geburtstag bei 6,5 % Zinsen p. a. fest.

a) Welches Vermögen besitzt Frau Krause aus dieser Lebensversicherung am 65. Geburtstag?

$K = 84\,200$; $q = 1{,}065$; $n = 15$

$K_{15} = 84\,200 \cdot 1{,}065^{15} = 216\,549{,}0128\ldots$

Frau Krause hat an ihrem 65. Geburtstag ein Vermögen von 216 549 €.

b) Frau Krause möchte vom 65. Geburtstag an jährlich vorschüssig 15 000 € abheben. Hat sie mit 85 Jahren noch immer etwas vom Vermögen übrig, wenn der Zinssatz unverändert bleibt?

$K = 216\,549$; $R = 15\,000$; $q = 1{,}065$; $n = 20$

$$K_{20} = 216\,549 \cdot 1{,}065^{20} - \frac{15\,000 \cdot 1{,}065 \cdot (1{,}065^{20} - 1)}{0{,}065} = 142\,807{,}5089\ldots$$

Frau Krause hat mit 85 Jahren noch ein Vermögen von 142 807,51 €.

4. Ein Darlehen in Höhe von 25 000 € soll in nachschüssigen Monatsraten innerhalb von acht Jahren bei einem Zinssatz von 12 % p. a. zurückgezahlt werden.
Wie hoch ist die Tilgungsrate?

Wegen monatlicher Zahlung muss der Jahreszinssatzfaktor auf den Monatszinsfaktor umgerechnet werden:

$q_m = \sqrt[12]{q_j} \rightarrow q_m = \sqrt[12]{1{,}12} \approx 1{,}009\,488\,8$

$D = 25\,000$; $q = 1{,}009\,488\,8$; $n = 96 \cdot (8 \cdot 12)$; $q - 1 = 0{,}009\,488\,8$

$$R = \frac{25\,000 \cdot 1{,}009\,488\,8^{96} \cdot 0{,}009\,488\,8}{1{,}009\,488\,8^{96}} - 1 = 397{,}941$$

Die Tilgungsrate beträgt 397,94 €.

Potenzen und Wurzeln 1, Potenzfunktionen

Potenzen mit Exponenten aus $\mathbb{Z}$

- Für alle $a \in \mathbb{R}$ und $n \in \mathbb{N}^*$ gilt:
  $\mathbf{a^1 = a}$ und $\mathbf{a^n = a \cdot a \cdot \ldots \cdot a}$ (n Faktoren)
- Für alle $a \in \mathbb{R}^*$ und $n \in \mathbb{N}$ gilt:
  $\mathbf{a^0 = 1}$ und $\mathbf{a^{-n} = \frac{1}{a^n}}$

$\mathbb{N}^*$, $\mathbb{Z}^*$, $\mathbb{Q}^*$ und $\mathbb{R}^*$ sind die bekannten Zahlenmengen, allerdings ohne die Zahl Null!

1. $4^0 = 1$
2. $4^1 = 1$
3. $3^5 = 243$
4. $5^3 = 125$
5. $(-2)^5 = -32$
6. $(-2)^8 = 256$
7. $5^{-2} = \frac{1}{5^2} = \frac{1}{25}$ (= 0,04)
8. $\left(\frac{1}{2}\right)^{-3} = \frac{1}{\frac{1}{8}} = 8$
9. $\left(-\frac{2}{3}\right)^{-5} = \frac{1}{-\frac{32}{243}} = -\frac{243}{32}$

Wurzeln mit Wurzelexponenten aus $\mathbb{N}^* \setminus \{1\}$

- Für alle $a \in \mathbb{R}_0^+$ und $n \in \mathbb{N}^* \setminus \{1\}$ ist festgelegt:
  - $\sqrt[n]{\mathbf{a}}$ („n-te Wurzel aus a") ist diejenige **nicht negative** Zahl b, für die $\mathbf{b^n = a}$ gilt.
  - $\sqrt[2]{\mathbf{a}}$ wird kurz $\sqrt{\mathbf{a}}$ geschrieben und heißt **Quadratwurzel**, $\sqrt[3]{\mathbf{a}}$ heißt **Kubikwurzel**.

10. $\sqrt[3]{1000} = 10$ [weil $10^3 = 1000$]
11. $\sqrt[4]{\frac{1}{16}} = \frac{1}{2}$ $\left[\text{weil } \left(\frac{1}{2}\right)^4 = \frac{1}{16}\right]$
12. $\sqrt[5]{-32}$ ist nicht definiert, da $-32 \notin \mathbb{R}_0^+$
13. $\frac{\sqrt{16}}{81} = \frac{4}{9}$ $\left[\text{weil } \left(\frac{4}{9}\right)^2 = \frac{16}{81}\right]$

Bindungsregeln

- Klammern binden stärker als Potenzen, Wurzeln, Produkte, Quotienten, Summen und Differenzen.
- Potenzen und Wurzeln binden stärker als Produkte, Quotienten, Summen und Differenzen.
- Produkte und Quotienten binden stärker als Summen und Differenzen (auch bekannt als „Punktrechnung vor Strichrechnung").

14. Rechne den Term aus.

a) $5 \cdot 4 + 2^3$
$= 5 \cdot 4 + 8$
$= 20 + 8$
$= 28$

b) $(12 - 9)^4 : 27$
$= 3^4 : 27$
$= 81 : 27$
$= 3$

c) $(19 - 2 \cdot 7)^2 \cdot 4^2 - 100$
$= (19 - 14)^2 \cdot 16 - 100$
$= 5^2 \cdot 16 - 100$
$= 25 \cdot 16 - 100$
$= 400 - 100$
$= 300$

Potenz- und Wurzelfunktionen

$y = x^2$
$y = x^4$
$y = x^6$
...
gemeinsame Punkte:
(0|0), (1|1), (−1|1)
achsensymmetrisch zur y-Achse

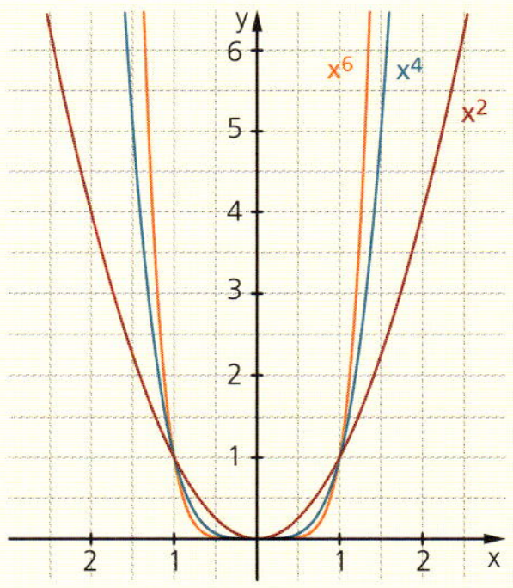

$y = x^1$
$y = x^3$
$y = x^5$
...
gemeinsame Punkte:
(0|0), (1|1), (−1|−1)
punktsymmetrisch zum Nullpunkt

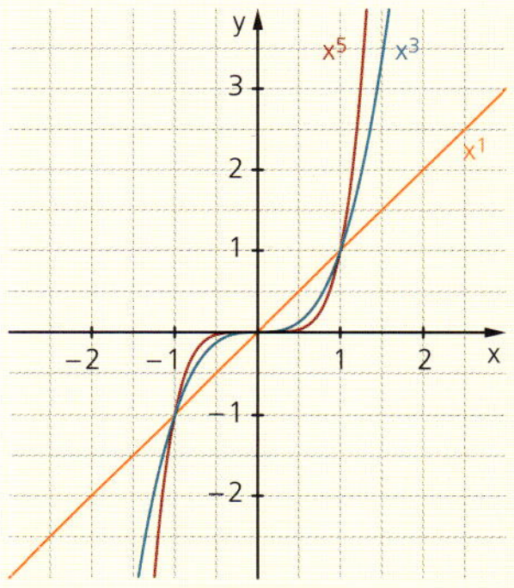

$y = x^{-2}$
$y = x^{-3}$
$y = x^{-4}$

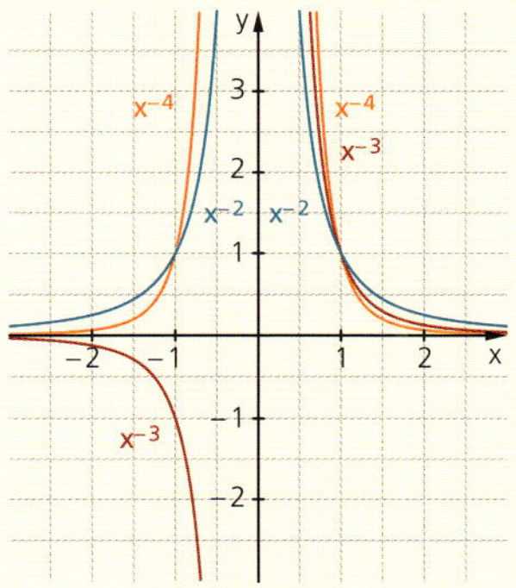

$y = \sqrt{x}$
$y = \sqrt[3]{x}$

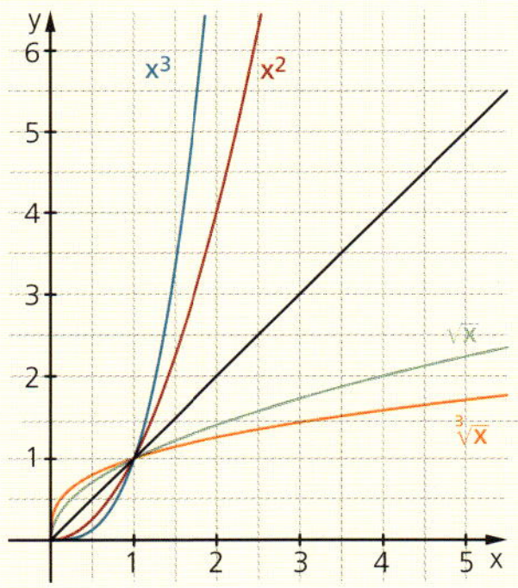

27 Potenzen und Wurzeln 2, Potenzgleichungen

Potenzen mit reellen Exponenten

- (1) Für alle $a \in \mathbb{R}_0^+$ und $n \in \mathbb{N}^*$ gilt: $a^{\frac{1}{n}} = \sqrt[n]{a}$
  (2) Für alle $a \in \mathbb{R}^+$, $n \in \mathbb{N}^*$ und $z \in \mathbb{Z}$ gilt: $a^{\frac{z}{n}} = \sqrt[n]{a^z} = \left(\sqrt[n]{a}\right)^z$
- Potenzen mit irrationalen Exponenten können durch Potenzen mit rationalen Exponenten beliebig genau angenähert werden.

Potenz- und Wurzelgesetze

- **Potenzgesetze**
  Für alle $a, b \in \mathbb{R}^+$ und $r, x, y \in \mathbb{Q}$ gilt:
  (1) $a^x \cdot a^y = a^{x+y}$
  (2) $a^x : a^y = a^{x-y}$
  (3) $a^x \cdot b^x = (a \cdot b)^x$
  (4) $a^x : b^x = (a : b)^x$
  (5) $(a^x)^y = a^{x \cdot y}$
- **Wurzelgesetze**
  Wurzelgesetze sind lediglich Potenzgesetze für Potenzen mit Stammbrüchen als Exponenten: Für $n \in \mathbb{N}^* \setminus \{1\}$ gilt:
  $\sqrt[n]{a} \cdot \sqrt[n]{b} = \sqrt[n]{ab}$ $\quad \left(a^{\frac{1}{n}} \cdot b^{\frac{1}{n}} = (ab)^{\frac{1}{n}}\right)$
  $\sqrt[n]{a} : \sqrt[n]{b} = \sqrt[n]{a : b}$ $\quad \left(a^{\frac{1}{n}} : b^{\frac{1}{n}} = (a : b)^{\frac{1}{n}}\right)$
  $\sqrt[n]{\sqrt[m]{a}} = \sqrt[n \cdot m]{a}$ $\quad \left(\left(a^{\frac{1}{m}}\right)^{\frac{1}{n}} = a^{\frac{1}{m \cdot n}}\right)$

zusätzlich gilt natürlich:

$x a^r \pm y a^r = (x \pm y) a^r$ $\qquad$ $x\sqrt[n]{a} \pm y\sqrt[n]{a} = (x \pm y)\sqrt[n]{a}$

Potenzgleichung

- Potenzgleichungen der Form $x^n = a$ haben entweder zwei, eine oder gar keine Lösung. Dies hängt von n und a ab.

	n gerade	n ungerade
$a > 0$	$x_1 = \sqrt[n]{a}$; $x_2 = -\sqrt[n]{a}$	$x = \sqrt[n]{a}$
$a = 0$	$x = 0$	$x = 0$
$a < 0$	keine Lösung	$x = -\sqrt[n]{\lvert a \rvert}$

Die Schreibweise mit Zehnerpotenzen bietet sich besonders bei sehr großen oder sehr kleinen Zahlen an.

Normierte Exponentialform

- Jede Zahl $a > 0$ kann in der Form $x \cdot 10^y$ mit $1 \leqq x < 10$ und $y \in \mathbb{Z}$ geschrieben werden.
  Dann heißt $\mathbf{x \cdot 10^y}$ **die normierte Exponentialform der Zahl a.**
- Statt „normierte Exponentialform" sind auch die Bezeichnungen „Standardschreibweise" oder „Gleitkommadarstellung" gebräuchlich.

Beispiele: $\mathbf{1\,450\,000} = 1{,}45 \cdot 1\,000\,000 = \mathbf{1{,}45 \cdot 10^6}$
$\mathbf{0{,}003\,406} = 3{,}406 \cdot \frac{1}{1000} = \mathbf{3{,}406 \cdot 10^{-3}}$

1. Berechne ohne Taschenrechner.

a) $9^{\frac{1}{2}} = \sqrt{9} = 3$

b) $10\,000^{\frac{1}{4}} = \sqrt[4]{10\,000} = 10$

c) $16^{\frac{3}{2}} = \left(\sqrt{16}\right)^3 = 4^3 = 64$

d) $\left(\frac{8}{27}\right)^{-\frac{4}{3}} = \left(\sqrt[3]{\frac{8}{27}}\right)^{-4} = \left(\frac{2}{3}\right)^{-4} = \frac{1}{\left(\frac{2}{3}\right)^4} = \frac{1}{\frac{16}{81}} = \frac{81}{16}$

e) Bestimme $17^{\sqrt{2}}$ auf drei Stellen nach dem Komma. $\sqrt{2} = 1{,}414\,213\,56\ldots$
$17^{1{,}414213} = 54{,}968\,8764\ldots$ $\quad 17^{1{,}414214} = 54{,}969\,0322\ldots$ $\quad 17^{\sqrt{2}} \approx 54{,}969$

2. a) $(3p)^6 \cdot \left(\frac{1}{3}\right)^6 = \left(3p \cdot \frac{1}{3}\right)^6 = p^6$

b) $x^{-14} : x^{-16} = x^{-14-(-16)} = x^2$

c) $a^{n-3} \cdot a^{4-n} = a^{n-3+4-n} = a^1 = a$

d) $8y^2 + 2y^3$ = kann nicht zusammengefasst werden, Exponenten sind verschieden

e) $(5x^5)^2 = 5^2 x^{10} = 25x^{10}$

f) $\frac{(6x)^{2n-4}}{(3x)^{2n-4}} = 2^{2n-4}$

3. a) $\sqrt[3]{10} \cdot \sqrt[3]{2{,}7} = \sqrt[3]{27} = 3$

b) $\sqrt[6]{128} : \sqrt[6]{2} = \sqrt[6]{64} = 2$

c) $0{,}5^{1{,}5} \cdot 8^{1{,}5} = 4^{1{,}5} = 4^{\frac{3}{2}} = \left(\sqrt{4}\right)^3 = 8$

d) $\sqrt[5]{y^6} : y^{1{,}2} = y^{\frac{6}{5}} : y^{\frac{12}{10}} = y^{\frac{6}{5}-\frac{6}{5}} = y^0 = 1$

e) $5^{3{,}7} : 5^{1{,}7} = 5^2 = 25$

f) $\sqrt[3]{a^{\frac{9}{2}}} = \left(a^{\frac{9}{2}}\right)^{\frac{1}{3}} = a^{\frac{9}{6}} = a^{\frac{3}{2}}$ $(= a^{1{,}5})$

4. Gib die Lösungen folgender Potenzgleichungen an.

a) $x^4 = 81$
n gerade, $a > 0$
$x_1 = \sqrt[4]{81} = 3$; $x_2 = -\sqrt[4]{81} = -3$

b) $x^6 + 4096 = 0$
$x^6 = -4096$
n gerade, $a < 0$
$\Rightarrow$ keine Lösung

c) $2x^3 + 250 = 0$
$2x^3 = -250$
$x^3 = -125$
n ungerade, $a < 0$
$x = -\sqrt[3]{\lvert -125 \rvert} = -\sqrt[3]{125} = -5$

5. Schreibe in normierter Exponentialform.

a) $7\,250\,000\,000 = 7{,}25 \cdot 10^9$

b) $20\,030 = 2{,}003 \cdot 10^4$

c) $0{,}068\,400 = 6{,}84 \cdot 10^{-2}$

d) $0{,}000\,004\,07 = 4{,}07 \cdot 10^{-6}$

6. Die Masse der Erde beträgt $5{,}976 \cdot 10^{24}$ kg, die der Sonne $1{,}9891 \cdot 10^{30}$ kg.
Wie viel mal so groß ist die Masse der Sonne gegenüber der Masse der Erde?
$x = \frac{1{,}9891 \cdot 10^{30}}{5{,}976 \cdot 10^{24}} \approx 0{,}3328 \cdot 10^6 = 3{,}328 \cdot 10^5$. $\quad$ Sie ist mehr als 330 000 mal so groß.

7. Ein Sauerstoffmolekül hat eine Masse von ca. $6{,}3766 \cdot 10^{-26}$ kg.
Wie groß ist die Masse von 9 Milliarden Sauerstoffmolekülen?
$x = 6{,}3766 \cdot 10^{-26} \cdot 9 \cdot 10^9 \approx 5{,}739 \cdot 10^{-16}$. $\quad$ Die Masse beträgt $5{,}739 \cdot 10^{-16}$ kg.

28 Exponential- und Logarithmusfunktionen

Exponentialfunktionen

- Funktionen mit Gleichungen der Form $\mathbf{y = a^x}$ $(a > 0,\ a \neq 1)$ heißen **Exponentialfunktionen**. Sie haben die Definitionsmenge $\mathbb{R}$ und die Wertemenge $\mathbb{R}^+$.
- Bei $a > 1$ wachsen die Funktionen monoton. Ihre Graphen verlaufen durch den Punkt $(0|1)$.

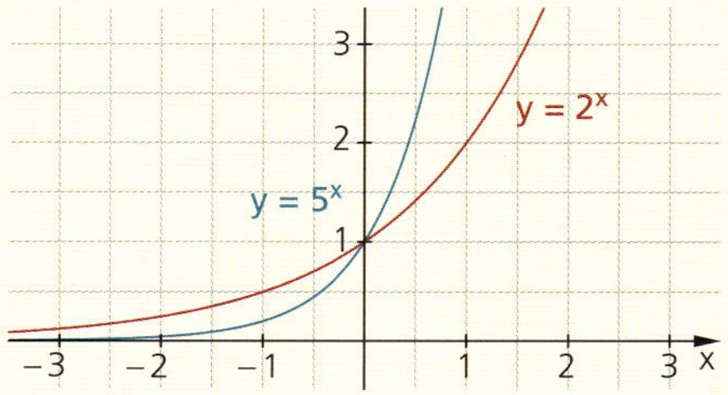

- Bei $0 < a < 1$ fallen die Funktionen monoton. Ihre Graphen verlaufen durch den Punkt $(0|1)$.

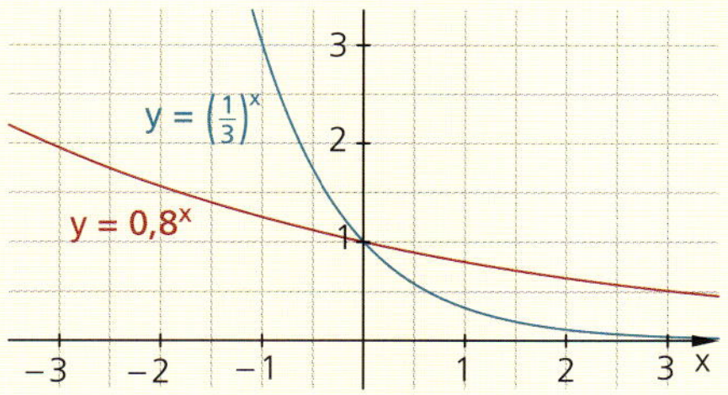

- Die Graphen der Funktionen $y = a^x$ und $y = \left(\frac{1}{a}\right)^x$ verlaufen spiegelbildlich zur y-Achse.

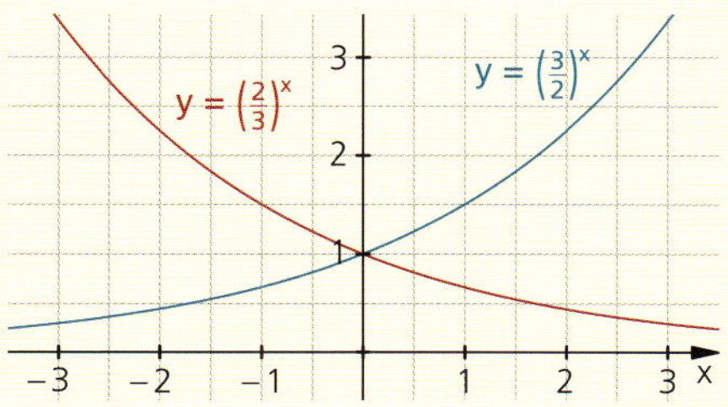

Allgemeiner, dekadischer und natürlicher Logarithmus

- Für alle $a > 0,\ a \neq 1,\ b > 0$ und $c \in \mathbb{R}$ gilt:
  - c heißt Logarithmus der Zahl b zur Basis a, wenn $a^c = b$ gilt. Im Zeichen: $\mathbf{c = \log_a b \Leftrightarrow a^c = b}$
  - c heißt **dekadischer Logarithmus** (Zehnerlogarithmus) der Zahl b, wenn $10^c = b$ gilt. Im Zeichen: $\mathbf{c = \log b}$ **(oder** $\mathbf{\lg b}$**)** $\mathbf{\Leftrightarrow 10^c = b}$
  - c heißt **natürlicher Logarithmus** der Zahl b, wenn $e^c = b$ gilt (mit $e = 2{,}718218\ldots$). Im Zeichen: $\mathbf{c = \ln b \Leftrightarrow e^c = b}$ (ln lies: „logarithmus naturalis“)

1. Bestimme die Logarithmen ohne Taschenrechner.

a) $\log_2 8 = 3\ \ (2^3 = 8)$

b) $\log_2 \frac{1}{16} = -4\ \ \left(2^{-4} = \frac{1}{16}\right)$

c) $\log 100\,000 = 5\ \ (10^5 = 100\,000)$

d) $\log_5 625 = 4\ \ (5^4 = 625)$

e) $\log_7(7^{11}) = 11\ \ (7^{11} = 7^{11})$

f) $\log 0{,}01 = -2\ \ \left(10^{-2} = \frac{1}{100}\right)$

g) $\log_9 3 = \frac{1}{2}\ \ \left(9^{\frac{1}{2}} = 3\right)$

h) $\log_{25} 125 = \frac{3}{2}\ \ \left(25^{\frac{3}{2}} = 125\right)$

Logarithmusfunktionen

- Logarithmusfunktionen $y = \log_a x$ sind Umkehrfunktionen der Exponentialfunktionen $y = a^x$.

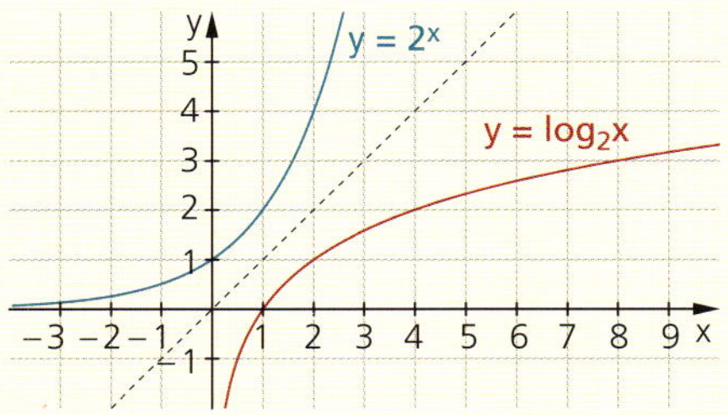

- dekadischer Logarithmus

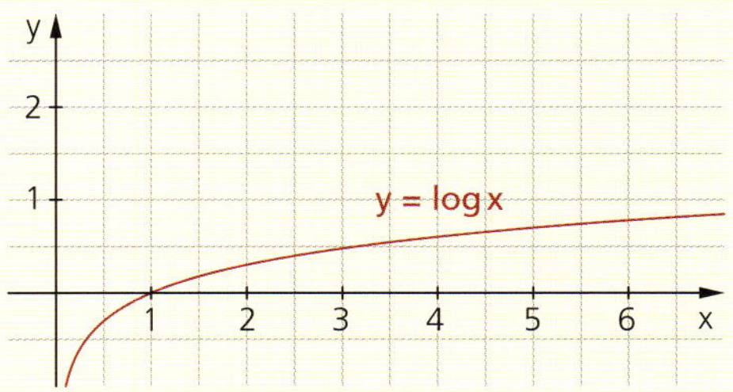

- natürlicher Logarithmus (logarithmus naturalis)

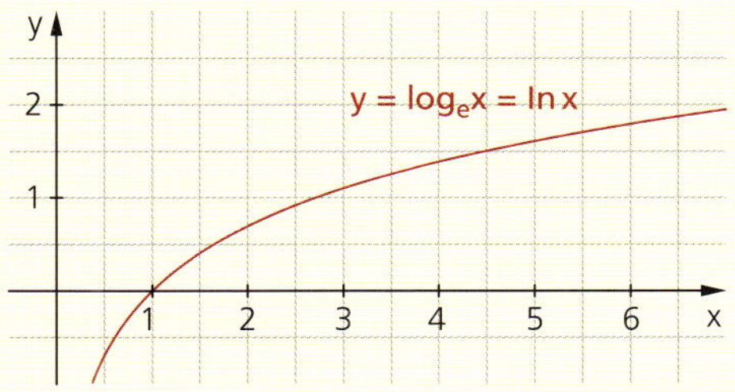

Logarithmengesetze

- $\log_a(b \cdot c) = \log_a b + \log_a c$
- $\log_a(b : c) = \log_a b - \log_a c$
- $\log_a(b^r) = r \cdot \log_a b$
- $\log_a\left(\sqrt[n]{b}\right) = \frac{\log_a b}{n}$
- Berechnung von beliebigen Logarithmen:

$\log_c b = \frac{\log_a b}{\log_a c}$; also: $\log_c b = \frac{\log b}{\log c} = \frac{\ln b}{\ln c}$

Mit log und ln auf dem Taschenrechner kann man jeden Logarithmus berechnen!

2. Beweise das 1. Logarithmengesetz.

Für jede positive Zahl x gilt: $x = a^{\log_a x}$ (nach Definition)

$b \cdot c = a^{\log_a b} \cdot a^{\log_a c}$ $\qquad b \cdot c = a^{\log_a b + \log_a c}$ (1. Potenzgesetz)

also: $\log_a(b \cdot c) = \log_a b + \log_a c$

3. Berechne $\log_8 17$ mit dem Taschenrechner.

Die Berechnung erfolgt z. B. mit dem dekadischen Logarithmus (log-Taste).

$\log_8 17 = \frac{\log 17}{\log 8} = 1{,}36248761\ldots$

29 Wachstum, Exponentialgleichungen

Lineares Wachstum

- Ist die Änderung pro Zeiteinheit t („Änderungsrate") konstant, d. h. gilt $B(t+1) - B(t) = d$ für alle $t \in \mathbb{N}$, dann spricht man von **linearem Wachstum**.
- Es gibt zwei Darstellungsformen, die **rekursive** („schrittweise") und die **explizite** („Funktionsgleichung"). Für lineares Wachstum gilt: $B(t+1) = B(t) + d$ (rekursiv) und $B(t) = B(0) + t \cdot d$ (explizit). B(0) ist der Anfangsbestand, d die Änderungsrate. Der Bestand kann sich auch in Abhängigkeit einer anderen linearen Größe n (z. B. Strecke) verändern (s. Aufgabe 6.)

Die Veränderung eines **Bestandes B** nennt man **Wachstum**. Nimmt der Bestand B ab, spricht man von negativem Wachstum oder Abnahme.

Quadratisches Wachstum

- Wächst die Änderungsrate $B(t+1) - B(t)$ eines Bestandes linear, liegt **quadratisches Wachstum** vor. (Es ist oft sinnvoll, statt der Bezeichnung B(t) andere zu verwenden: K(t) für Kapital etc.)
- Die rekursive Darstellung des quadratischen Wachstums ist $B(t+1) = 2 \cdot B(t) - B(t-1) + k$; k ist dabei die konstante Änderung von $B(t+1) - B(t)$. Im Beispiel rechts ist $k = 6$.
- Die explizite Darstellung des quadratischen Wachstums lautet: $B(t) = a \cdot t^2 + b \cdot t + B(0)$. Die **Koeffizienten a** und **b** berechnet man durch Einsetzen zweier Zahlenpaare und mithilfe eines Gleichungssystems.
- Quadratisches Wachstum tritt häufig in physikalischen Berechnungen (freier Fall, Bremsweg etc.) auf.

Für den freien Fall gilt: $s(t) = \frac{1}{2} \cdot g \cdot t^2$ mit $g \approx 9{,}81\frac{m}{s^2}$ (Erdschwerebeschleunigung); t in Sekunden; s(t) zurückgel. Strecke in Meter.

Exponentielles Wachstum

- Wenn für einen Bestand B für jeden Zeitschritt t ($t \in \mathbb{N}$) gilt: $B(t+1) = B(t) \cdot q$ (rekursive Darstellung), bzw. $\frac{B(t+1)}{B(t)} = q$, dann handelt es sich um **exponentielles Wachstum**.
- Die explizite Darstellung lautet: $B(t) = B(0) \cdot q^t$; B(0) ist der Anfangsbestand
  (1) $q > 1$ heißt **Wachstumsfaktor**. p % mit $q = 1 + p\,\%$ heißt **Wachstumsrate**.
  Bei $B(t) = B(0) \cdot (1 + p\,\%)^t$ liegt eine **exponentielle Zunahme** vor.
  (2) $q < 1$ heißt **Abnahmefaktor**. p % mit $q = 1 - p\,\%$ heißt **Abnahmerate**.
  Bei $B(t) = B(0) \cdot (1 - p\,\%)^t$ liegt eine **exponentielle Abnahme** vor.
- Die Zinseszinsformel (→ Seite 24) ist ein Beispiel für exponentielles Wachstum.

Lösen von Exponentialgleichungen

- Eine Gleichung, die in die Form $\mathbf{a^{bx+c} = d}$ gebracht werden kann, heißt **Exponentialgleichung**.
- Der erste Schritt zur Lösung einer Exponentialgleichung besteht darin, dass man diese Gleichung logarithmiert (z. B. mit dem natürlichen Logarithmus).
- Die weiteren Schritte sind aus der Gleichungslehre bekannt.

$$\begin{aligned} & a^{bx+c} = d && \mid \ln \\ \Leftrightarrow\ & \ln(a^{bx+c}) = \ln d && \\ \Leftrightarrow\ & (bx+c) \cdot \ln a = \ln d && \mid :\ln a \\ \Leftrightarrow\ & bx + c = \frac{\ln d}{\ln a} && \mid -c \\ \Leftrightarrow\ & bx = \frac{\ln d}{\ln a} - c && \mid :b \\ \Leftrightarrow\ & \mathbf{x = \left(\frac{\ln d}{\ln a} - c\right) : b} && \end{aligned}$$

1. Prüfe, ob bei der rechts abgedruckten Messreihe lineares Wachstum vorliegt.

t	0	1	2	3
B(t)	5,9	7,6	9,3	11

$7{,}6 - 5{,}9 = 1{,}7$; $9{,}3 - 7{,}6 = 1{,}7$; $11 - 9{,}3 = 1{,}7$;
Änderungsrate ist konstant $\Rightarrow$ lineares Wachstum mit $d = 1{,}7$

2. Gegeben ist lineares Wachstum mit $B(0) = 345$, $B(5) = 427{,}5$. Berechne d und B(12).

$427{,}5 = 345 + 5 \cdot d \quad \Rightarrow B(t) = 345 + t \cdot 16{,}5$
$82{,}5 = 5 \cdot d \quad \Rightarrow B(12) = 345 + 12 \cdot 16{,}5$;
$d = 16{,}5 \quad \Rightarrow B(12) = 543$

3. Prüfe ob quadratisches Wachstum vorliegt und bestimme ggf. die rekursive und explizite Darstellung.

t	0		1		2		3
B(t)	2,5		3,5		10,5		23,5
B(t + 1) − B(t)		1		7		13	
Diff. 2. Ordnung			6		6		

Bestand wächst linear mit $k = 6$
$\Rightarrow B(t+1) = 2 \cdot B(t) - B(t-1) + 6$ (rekursiv)

Aus $B(1) = 3{,}5$ und $B(2) = 10{,}5$ folgt: $\left.\begin{aligned} \text{I.}\ \ 1 &= a + b \\ \text{II.}\ \ 8 &= 4a + 2b \end{aligned}\right\}$ **LGS lösen:** $a = 3$; $b = -2$

$\Rightarrow B(t) = 3t^2 - 2t + 2{,}5$ (explizite Darstellung)

4. Wie lange fällt ein Stein, den man aus 142 m Höhe (Plattform Ulmer Münster) fallen lässt?

Aus $s(t) = \frac{1}{2} \cdot g \cdot t^2$ folgt $t = \sqrt{\frac{2 \cdot s(t)}{g}} \Rightarrow t \approx \sqrt{\frac{2 \cdot 142}{9{,}81}} \approx 5{,}38$. Der Stein wäre ca. 5,4 s unterwegs.

5. Eine Bakterienkultur verdoppelt ihren Bestand alle 40 Minuten. Sie wird mit 200 Bakterien angelegt. Wie groß ist der Be stand nach sechs Stunden?

$B(0) = 200$, $q = 2$, $t = \frac{360\,\text{min}}{40\,\text{min}} = 9$ gesucht B(9): $B(9) = 200 \cdot 2^9 = 102\,400$
Nach sechs Stunden ist der Bestand auf 102 400 Bakterien angewachsen.

6. Mit jedem Kilometer Höhe nimmt der Luftdruck um 12 % ab. Ein Flugkapitän misst in 11 km Flughöhe einen Luftdruck p von 249 hP (Hektopascal). Wie groß ist der Luftdruck am Boden?

$p(11) = 249$, $q = 1 - 0{,}12 = 0{,}88$; $n = 11$; gesucht p(0): $249 = p(0) \cdot 0{,}88^{11} \quad \mid :0{,}88^{11}$
$p(0) = \frac{249}{0{,}88^{11}} = 1015{,}99\ldots$ Am Boden herrscht ein Luftdruck von 1016 hP.

7. Löse die Gleichung

$$\begin{aligned} \pi^{3x+5} &= \sqrt{2}. \\ \log(\pi^{3x+5}) &= \log\sqrt{2} \\ (3x+5)\log\pi &= \log\sqrt{2} \\ 3x + 5 &= \frac{\log\sqrt{2}}{\log\pi} \\ x &= \left(\frac{\log\sqrt{2}}{\log\pi} - 5\right) : 3 \\ x &\approx -1{,}56575 \end{aligned}$$

9. In welcher Zeit wächst ein Kapital von 400 € bei 3 % p. a. Zinsen auf 900 €?

$$\begin{aligned} 900 &= 400 \cdot 1{,}03^n \\ 2{,}25 &= 1{,}03^n \\ \ln 2{,}25 &= n \cdot \ln 1{,}03 \\ n &= \frac{\ln 2{,}25}{\ln 1{,}03} = 27{,}43447\ldots \end{aligned}$$

Die Zeit beträgt ca. 27 Jahre und 5 Monate (0,43… Jahre sind ca. 5 Monate).

Mittelwert, Standardabweichung, Median, Spannweite

- Tritt die Größe x_1 insgesamt n_1-mal, die Größe x_2 insgesamt n_2-mal, … die Größe x_k insgesamt n_k-mal auf und gilt $n_1 + n_2 + \ldots + n_k = n$, so berechnet sich der **Mittelwert $\bar{x}$** so:
  $\bar{x} = \frac{n_1 x_1 + n_2 x_2 + \ldots + n_k x_k}{n}$
- Die **Standardabweichung s** beschreibt die Streuung der Daten um den Mittelwert. Haben die Daten $x_1, x_2, \ldots, x_n$ den Mittelwert $\bar{x}$, so berechnet sich die Standardabweichung mit der Formel
  $s = \sqrt{\frac{(x_1 - \bar{x})^2 + (x_2 - \bar{x})^2 + \ldots + (x_n - \bar{x})^2}{n}}$
- Der **Median** steht in der Mitte einer Rangliste von Daten, die der Größe nach geordnet sind. Bei ungerader Anzahl von Daten ist der Median einer dieser Daten, bei gerader Anzahl der Mittelwert der links und rechts von der Mitte stehenden Daten.
- Die **Spannweite** einer Stichprobe ist die Differenz zwischen dem größten und dem kleinsten Wert.

1. Eine Mathematikarbeit hat den in der Tabelle angegebenen Ausfall nach Zensuren. Berechne den Mittelwert und die Standardabweichung.

Anzahl	2	5	8	7	4	1
Zensur	1	2	3	4	5	6

Mittelwert:
$\bar{x} = \frac{2 \cdot 1 + 5 \cdot 2 + 8 \cdot 3 + 7 \cdot 4 + 4 \cdot 5 + 1 \cdot 6}{27} = \frac{90}{27} = \frac{10}{3} = 3{,}\bar{3}$

Standardabweichung:
$s = \sqrt{\frac{2 \cdot (1 - 3{,}3)^2 + 5 \cdot (2 - 3{,}3)^2 + 8 \cdot (3 - 3{,}3)^2 + 7 \cdot (4 - 3{,}3)^2 + 4 \cdot (5 - 3{,}3)^2 + (6 - 3{,}3)^2}{27}}$
$= \sqrt{\frac{10{,}\bar{8} + 8{,}\bar{8} + 0{,}\bar{8} + 3{,}\bar{1} + 11{,}\bar{1} + 7{,}1}{27}} \approx \sqrt{\frac{42}{27}} = \sqrt{\frac{14}{9}} \approx 1{,}247$

Median: 3 (14 Elemente der geordneten Daten)
Spannweite: 5 (6 – 1)

Klasseneinteilung, Quartile, Boxplot

- In einer geordneten Menge von Daten teilen der Gesamtmedian (mittleres **Quartil**), der Median der unteren Hälfte (unteres **Quartil**) und der Median der oberen Hälfte (oberes **Quartil**) die Daten in vier **Klassen** ein. Werden in der entsprechenden grafischen Darstellung die Klassen links und rechts vom Gesamtmedian als „Kästen" (Boxen) hervorgehoben, nennt man die Darstellung insgesamt einen **Boxplot**.

2. Das hat Julia monatlich im vergangenen Jahr an Taschengeld ausgegeben (die Beträge sind gerundet): 15 €, 17 €, 18 €, 21 €, 24 €, 24 €, 29 €, 33 €, 34 €, 41 €, 45 €, 58 €

mittleres Quartil: $\frac{24\,€ + 29\,€}{2} = 26{,}50\,€$
unteres Quartil: 19,50 €
oberes Quartil: 37,50 €

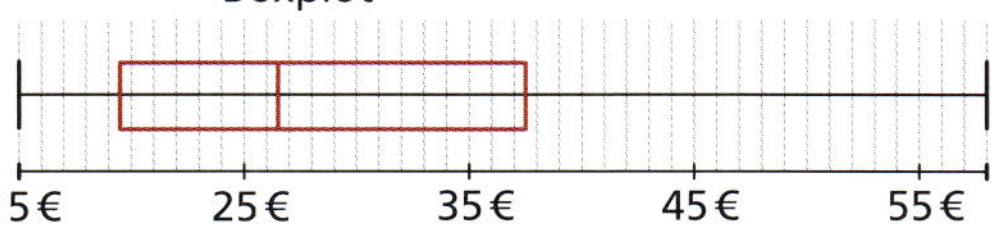

Permutationen, Variationen, Kombinationen

- Kombiniert man Objekte, Merkmale usw. miteinander und hat **a** Möglichkeiten, den **ersten Platz** zu besetzen, sowie **b** Möglichkeiten, den **zweiten Platz** zu besetzen, dann gibt es für **beide Plätze zusammen a · b** Kombinationsmöglichkeiten.
- n verschiedene Objekte, Merkmale usw. kann man in $n \cdot (n-1) \cdot (n-2) \cdot \ldots \cdot 3 \cdot 2 \cdot 1 = n!$ („n Fakultät") verschiedenen Reihenfolgen anordnen:
  Für n verschiedene Dinge gibt es n! Permutationen.
- Die Tabelle nennt die Anzahl der Möglichkeiten, aus n Objekten k Objekte auszuwählen.

	Auswahl mit Wiederholung (Ziehung mit Zurücklegen)	Auswahl ohne Wiederholung (Ziehung ohne Zurücklegen)
mit Bedeutung der Reihenfolge (**Variationen**)	n^k	$\frac{n!}{(n-k)!}$
ohne Bedeutung der Reihenfolge (**Kombinationen**)	$\frac{(n+k-1)!}{k!\,(n-1)!}$	$\frac{n!}{k!\,(n-k)!}$

- Modellvorstellung: Ziehung von gleichartigen, bezifferten Kugeln mit verbundenen Augen aus einem Behälter (Urne).

3. Ein Skatspiel wird gründlich gemischt und dann zu einem Stapel geordnet. Auf wie viele verschiedene Weisen können die Karten angeordnet sein?
Es gibt 32 verschiedene Karten, also 32! Permutationen. $32! \approx 2{,}63131 \cdot 10^{35}$

4. Das Skatblatt eines Spielers besteht aus zehn Karten. Wie viele verschiedene Skatblätter gibt es?
Auswahl – ohne Wiederholung
– ohne Bedeutung der Reihenfolge
$n = 32,\ k = 10$
$x = \frac{32!}{10! \cdot 22!} = 64\,512\,240$
Es gibt 64 512 240 verschiedene Skatblätter. (Deshalb wiederholt sich in der Regel nie das Skatblatt eines Spielers.)

5. Aus 29 Schülern einer Klasse werden nacheinander gewählt: 1. erster Klassensprecher, 2. zweiter Klassensprecher, 3. Betreuer Klassenbuch und 4. Betreuer Tafel. Wie viele Möglichkeiten gibt es?
Auswahl – ohne Wiederholung
– mit Bedeutung der Reihenfolge
$n = 29,\ k = 4,\ y = \frac{29!}{25!} = 570\,024$
Es gibt 570 024 Auswahlmöglichkeiten.

31 Stochastik 2

Ergebnisse und Ereignisse bei Zufallsversuchen

- Zufallsversuche, z. B. das Werfen eines Würfels, haben in der Regel mehrere mögliche **Ergebnisse**, die zusammen die **Ergebnismenge S** bilden (im Beispiel: $S = \{1; 2; 3; 4; 5; 6\}$).
- Jede Teilmenge E der Ergebnismenge heißt **Ereignis**.
- Einelementige Ereignisse heißen auch **Elementarereignisse**.

Absolute und relative Häufigkeit

- Wiederholt man einen Zufallsversuch n-mal und tritt dabei ein bestimmtes Ereignis E m-mal auf ($m \leqq n$), so heißt m die **absolute Häufigkeit** für das Auftreten von E und $\frac{m}{n}$ die **relative Häufigkeit** für das Auftreten von E.

Wahrscheinlichkeit bei Laplace-Versuchen

- Zufallsversuche mit gleichen Chancen für alle möglichen Ergebnisse heißen Laplace-Versuche.
- Wahrscheinlichkeit p für ein Ereignis **E:** $p(E) = \frac{\text{Anzahl der zu E gehörenden Ergebnisse}}{\text{Anzahl der möglichen Ergebnisse}} = \frac{|E|}{|S|}$
- Die Aussage „Das Ereignis E tritt mit der Wahrscheinlichkeit p auf" bedeutet: Wenn der Zufallsversuch sehr oft wiederholt wird, kann man damit rechnen, dass die relative Häufigkeit für das Auftreten von E dem Wert p sehr nah kommt.
- Es gilt: $0 \leqq p(E) \leqq 1$ und $p(S) = 1$

Gegenereignis, Vereinigung, Schnitt

- Zu jedem Ereignis E gibt es ein **Gegenereignis** $\overline{E}$ (lies: E quer). $\overline{E}$ enthält alle Ergebnisse der Ergebnismenge S, die *nicht* in E enthalten sind.
- Manchmal ist es leichter, $p(E)$ mithilfe von $p(\overline{E})$ zu berechnen. Es gilt $p(E) + p(\overline{E}) = 1$, bzw. $p(E) = 1 - p(\overline{E})$.
- Zwei Ereignisse E und F können zu einem neuen Ereignis verknüpft werden. Dabei gibt es zwei Möglichkeiten
  - Die **Schnittmenge** $E \cap F$ (lies: „E **und** F") enthält alle Ergebnisse, die sowohl in E als auch in F enthalten sind.
  - Die **Vereinigungsmenge** $E \cup F$ (lies: „E **oder** F") enthält alle Ergebnisse, die mindestens in einem der beiden Ereignisse enthalten sind.

1. Aus einem Skatspiel werden nacheinander zwei Karten gezogen.

a) Wie viele mögliche Ergebnisse gibt es?

Es gibt $32 \cdot 31$, also 992 mögliche Ergebnisse.

b) Notiere das Ereignis E: „Es wird ein Paar rote Dame/schwarzer König gezogen."

(♥D / ♣K) (♥D / ♠K) (♦D / ♣K) (♦D / ♠K) (♣K / ♥D) (♣K / ♦D) (♠K / ♥D) (♠K / ♦D)

2. Julian hat die Ergebnisse bei wiederholtem Werfen eines Würfels auf einer Tafel notiert. Bestimme die relative Häufigkeit für das Ereignis „Es wurde eine gerade Zahl gewürfelt."

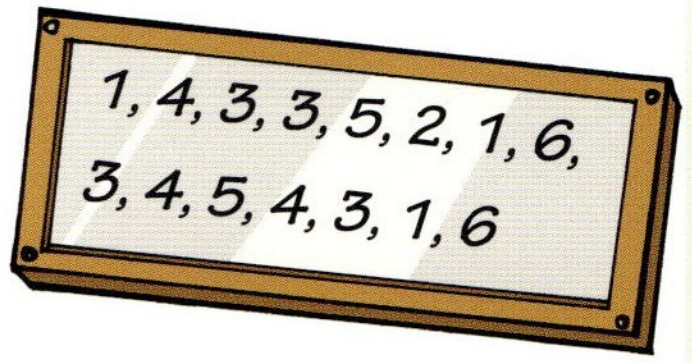

$E = \{2; 4; 6\}$ relative Häufigkeit: $\frac{6}{15} = \frac{2}{5}$

3. Wie groß ist die Wahrscheinlichkeit, mit 2 Würfeln eine Augensumme von 10 oder mehr zu würfeln?

Anzahl der möglichen Ergebnisse: $6 \cdot 6 = 36$ $E = \{(4|6), (5|5), (5|6), (6|4), (6|5), (6|6)\}$

$p(E) = \frac{6}{36} = \frac{1}{6}$

4. Wie groß ist die Wahrscheinlichkeit, viermal eine Münze so zu werfen, dass Z (Zahl) und W (Wappen) gleich oft auftreten?

Anzahl der Ergebnisse: $2 \cdot 2 \cdot 2 \cdot 2 = 16$

E = {WWZZ, WZWZ, WZZW, ZWWZ, ZWZW, ZZWW}

$p(E) = \frac{6}{16} = \frac{3}{8}$

5. Beim Würfeln mit einem Würfel gilt für die geworfene Augenzahl: $S = \{1; 2; 3; 4; 5; 6\}$. Sei E: „Die Augenzahl ist höchtens 4." $E = \{1; 2; 3; 4\}$. Wie heißt das Gegenereignis $\overline{E}$? Bestimme $p(E)$ und $p(\overline{E})$.

$\overline{E}$: „Die Augenzahl ist größer als 4"; $\overline{E} = \{5; 6\}$. $p(E) = \frac{2}{3}$; $p(\overline{E}) = \frac{1}{3}$;

$p(E) = 1 - p(\overline{E}) = 1 - \frac{1}{3} = \frac{2}{3}$

6. Bei der Herstellung von Sektgläsern ist mit der Wahrscheinlichkeit 0,03 ein Glas defekt. Wie groß ist die Wahrscheinlichkeit für E: „Mindestens ein Glas eines Sechser-Kartons ist defekt?"

Da E viele Ergebnisse enthält, ist es besser, mit $\overline{E}$: „Kein Glas ist defekt" zu rechnen.

$p(E) = 1 - p(\overline{E}) = 1 - 0{,}97^6 \approx 0{,}167$

7. Beim Würfeln mit einem Würfel sei E: „Die Augenzahl ist ungerade" und F: „Die Augenzahl ist größer als 3." Bestimme $E \cap F$ und $E \cup F$.

$E \cap F = \{5\}$; $E \cup F = \{1; 3; 4; 5; 6\}$

Pfadregel für mehrstufige Zufallsversuche

- Die Wahrscheinlichkeit für ein Ergebnis ist das Produkt der Wahrscheinlichkeiten längs des zugehörigen Pfades im Baumdiagramm.
- Für die Bestimmung der Wahrscheinlichkeit eines Ereignisses sind die Pfadwahrscheinlichkeiten der zugehörigen Ergebnisse zu addieren.

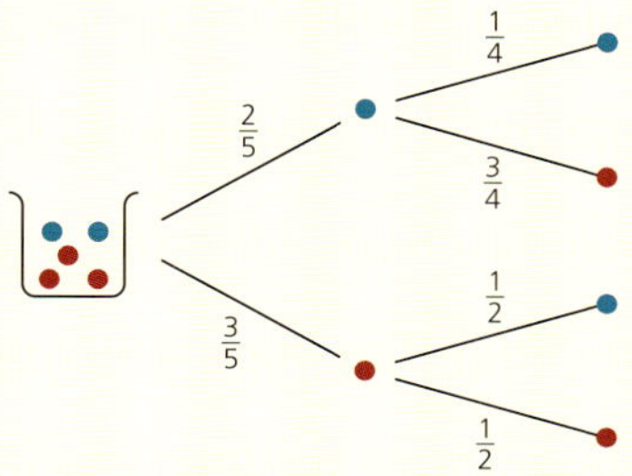

$p(\bullet, \bullet) = \frac{2}{5} \cdot \frac{1}{4} = \frac{1}{10}$

$p(\bullet, \bullet) = \frac{2}{5} \cdot \frac{3}{4} = \frac{3}{10}$

$p(\bullet, \bullet) = \frac{3}{5} \cdot \frac{1}{2} = \frac{3}{10}$

$p(\bullet, \bullet) = \frac{3}{5} \cdot \frac{1}{2} = \frac{3}{10}$

$p(\text{gleichfarbig}) = \frac{1}{10} + \frac{3}{10} = \frac{2}{5}$

Vierfeldertafel

- Bei einem Laplace-Versuch mit zwei Ereignissen E und F lassen sich die Anzahl der Ergebnisse der einzelnen Ereignisse und ihrer Gegenereignisse sowie die Anzahl der Ergebnisse der jeweiligen Schnittmengen sehr übersichtlich in einer sogenannten **Vierfeldertafel** darstellen.

	E	$\overline{E}$	gesamt
F	$\lvert E \cap F \rvert$	$\lvert \overline{E} \cap F \rvert$	$\lvert F \rvert$
$\overline{F}$	$\lvert E \cap \overline{F} \rvert$	$\lvert \overline{E} \cap \overline{F} \rvert$	$\lvert \overline{F} \rvert$
gesamt	$\lvert E \rvert$	$\lvert \overline{E} \rvert$	$\lvert S \rvert$

Bedeutung der Symbole:
$\lvert E \rvert$ = Anzahl der zu E gehörenden Ergebnisse;
$\lvert E \cap F \rvert$ = Anzahl der zu E und F gehörenden Ergebnisse;
$\lvert E \cup F \rvert$ = grün hinterlegt

Additionssatz und Unabhängigkeit von Ereignissen

- Für die Vereinigungsmenge $E \cup F$ zweier Ereignisse E und F gilt:
  $p(E \cup F) = p(E) + p(F) - p(E \cap F)$ **(Additionssatz)**
- Haben zwei Ereignisse keine Schnittmenge, also ist $E \cap F = \{\ \}$, dann gilt der **spezielle Additionssatz**: $p(E \cup F) = p(E) + p(F)$.
- Wenn sich zwei Ereignisse gegenseitig beeinflussen, nennt man sie **abhängig**, andernfalls **unabhängig**. Sind zwei Ereignisse unabhängig, gilt der **spezielle Multiplikationssatz**: $p(E \cap F) = p(E) \cdot p(F)$.
- Der spezielle Multiplikationssatz wird verwendet, um zu prüfen, ob zwei Ereignisse unabhängig sind.

1. In einem Gefäß sind drei blaue und fünf rote Kugeln.
Wie groß ist die Wahrscheinlichkeit, bei zwei Ziehungen nacheinander ohne Zurücklegen wenigstens eine blaue Kugel zu ziehen?

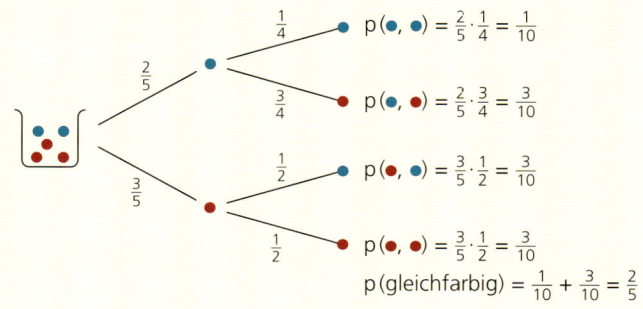

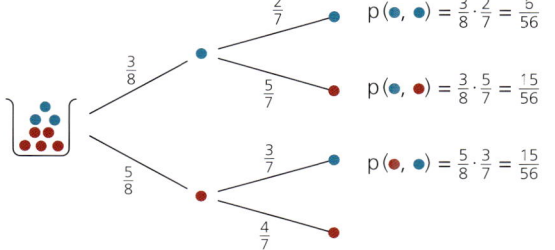

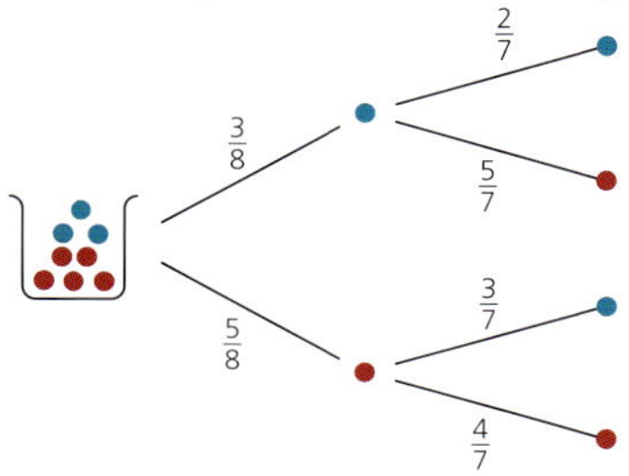

$p(\bullet, \bullet) = \frac{3}{8} \cdot \frac{2}{7} = \frac{6}{56}$

$p(\bullet, \bullet) = \frac{3}{8} \cdot \frac{5}{7} = \frac{15}{56}$

$p(\bullet, \bullet) = \frac{5}{8} \cdot \frac{3}{7} = \frac{15}{56}$

p (mindestens eine blaue Kugel)
$p = \frac{6}{56} + \frac{15}{56} + \frac{15}{56} = \frac{36}{56}$
$p = \frac{18}{28} = \frac{9}{14}$

Achtung: Beim Ziehen ohne Zurücklegen ändert sich von Stufe zu Stufe die Zahl der Kugeln!

2. Bei der Qualitätskontrolle von T-Shirts wurde auf die Verarbeitung und die Farbe geachtet. Von 800 kontrollierten T-Shirts wurden 70 beanstandet. Die Verarbeitung war in 50 Fällen nicht in Ordnung, 7 % wiesen farbliche Mängel auf.

a) Mit welcher Wahrscheinlichkeit wurden an einem T-Shirt beide Mängel festgestellt?
$p(V \cap F) = \frac{36}{800} = 0{,}045 = 4{,}5\,\%$

b) Mit welcher Wahrscheinlichkeit hatte ein T-Shirt einen Verarbeitungs- oder einen Farbfehler?
$p(E \cup F) = \frac{20 + 36 + 14}{800} = 0{,}0875 = 8{,}75\,\%$

	F	$\overline{F}$	ges.
V	36	14	50
$\overline{V}$	20	730	750
ges.	56	744	800

F: Farbfehler; $\overline{F}$: Farbe in Ordnung;
V: Verarbeitungsfehler;
$\overline{V}$: Verarbeitung in Ordnung;
$\lvert \overline{F} \cap \overline{V} \rvert = 800 - 70 = 730$;
$\lvert V \rvert = 50$; $\lvert F \rvert = 800 \cdot 0{,}07 = 56$;
der Rest ergibt sich

3. Es wird gewürfelt. Berechne die Wahrscheinlichkeiten für folgende Ereignisse.

a) „Es wird eine gerade Zahl oder mindestens eine 4 gewürfelt."
p(gerade Zahl oder mindestens 4) = p(gerade Zahl) + p(mindestens 4) − p(4) $= \frac{1}{2} + \frac{1}{2} - \frac{1}{6} = \frac{5}{6}$

b) „Es fällt eine ungerade Zahl oder keine Zahl unter 3."
p(ungerade Zahl oder nicht unter 3) = p(ungerade) + p(nicht unter 3) − p(ungerade und nicht unter 3) $= \frac{1}{2} + \frac{2}{3} - \frac{1}{3} = \frac{5}{6}$

4. Aus einem Skatblatt werden zwei Karten ohne zurücklegen gezogen. Sind die Ereignisse E: „Die erste Karte ist eine Karokarte" und F: „Die zweite Karte ist kein As" unabhängig?

$p(E) = \frac{8}{32} = \frac{1}{4}$; $p(F) = \frac{4}{32} \cdot \frac{28}{31} + \frac{28}{32} \cdot \frac{27}{31} = \frac{7}{8}$ (Berechnung mit Baumdiagramm; siehe oben)

$p(E \cap F) = \frac{1}{32} \cdot \frac{28}{31} + \frac{7}{32} \cdot \frac{27}{31} = \frac{7}{32}$ (Berechnung mit Baumdiagramm)

$p(E) \cdot p(F) = \frac{1}{4} \cdot \frac{7}{8} = \frac{7}{32} = p(E \cap F) \Rightarrow$ Die beiden Ereignisse sind also unabhängig.

33 Stichwortverzeichnis